本書の特色と使い方

教科書の学習進度にあわせて，授業・宿題・予習・復習などに使えます

教科書のほぼすべての単元を掲載しています。今，学習している内容にあわせて授業用プリントとしてお使いいただけます。また，宿題や予習や復習用プリントとしてもお使いいただけます。

本書をコピー・印刷して教科書の内容をくりかえし練習できます

計算問題などは型分けした問題をしっかり学習したあと，いろいろな型を混合して出題しているので，学校での学習をくりかえし練習できます。

学校の先生方はコピーや印刷をして使えます。

「ふりかえり・たしかめ」や「まとめのテスト」で学習の定着をみることができます

「練習のページ」が終わったあと，「ふりかえり・たしかめ」や「まとめのテスト」をやってみましょう。

「ふりかえり・たしかめ」で，できなかったところは，もう一度「練習のページ」を復習しましょう。

「まとめのテスト」で，力だめしをしましょう。

「解答例」を参考に指導することができます

本書 p 84 ～「解答例」を掲載しております。まず，指導される方が問題を解き，本書の解答例も参考に解答を作成してください。

児童の多様な解き方や考え方に沿って答え合わせをお願いいたします。

5年 ①　目次

月　　日

1 整数と小数

整数と小数（1）

名前

1 □にあてはまる数を書きましょう。

① $4.627 = 1 \times \square + 0.1 \times \square + 0.01 \times \square + 0.001 \times \square$

② $9.385 = 1 \times \square + 0.1 \times \square + 0.01 \times \square + 0.001 \times \square$

③ $3.701 = 1 \times \square + 0.1 \times \square + 0.01 \times \square + 0.001 \times \square$

④ $4.596 = \square \times 4 + \square \times 5 + \square \times 9 + \square \times 6$

⑤ $5.087 = \square \times 5 + \square \times 0 + \square \times 8 + \square \times 7$

2 □にあてはまる不等号を書きましょう。

① $0 \ \square \ 0.01$　② $2 \ \square \ 1.989$

③ $4.08 \ \square \ 4.103$　④ $0.12 \ \square \ 0.098$

⑤ $5 \ \square \ 5.32 - 1.2$　⑥ $7.69 - 0.63 \ \square \ 7$

月　　日

1 整数と小数

整数と小数（2）

名前

1 □にあてはまる数を書きましょう。

① $7.042 = 1 \times \square + 0.1 \times \square + 0.01 \times \square + 0.001 \times \square$

② $0.395 = 1 \times \square + 0.1 \times \square + 0.01 \times \square + 0.001 \times \square$

③ $6.209 = \square \times 6 + \square \times 2 + \square \times 0 + \square \times 9$

④ $0.386 = \square \times 0 + \square \times 3 + \square \times 8 + \square \times 6$

2 [2]，[4]，[7]の数字カードが1まいずつあります。次の不等号を使った式が正しくなるように，□の中にあてはまるカードを入れましょう。

① $\square.3\square < 2.3\square$

② $\square.\square 3 > 7.4\square$

月　日

1 整数と小数

整数と小数（3）

名前

1　次の数は，0.001 を何こ集めた数ですか。

①　0.006　（　　　）こ　　②　0.075　（　　　）こ

③　0.834　（　　　）こ　　④　1.296　（　　　）こ

⑤　7.9　（　　　）こ　　⑥　3　（　　　）こ

2　下の □ に，右の 5 まいのカードをあてはめて，いろいろな大きさの数をつくりましょう。
（0 を十の位と $\frac{1}{1000}$ の位にすることはできません。）

①　いちばん大きい数　□□.□□□

②　いちばん小さい数　□□.□□□

③　2 番めに小さい数　□□.□□□

④　60 にいちばん近い数　□□.□□□

月　日

1 整数と小数

整数と小数（4）

名前

1　0.01 を，次のこ数集めた数を書きましょう。

①　0.01 を 8 こ集めた数　（　　　）

②　0.01 を 17 こ集めた数　（　　　）

③　0.01 を 100 こ集めた数　（　　　）

④　0.01 を 320 こ集めた数　（　　　）

2　0.001 を，次のこ数集めた数を書きましょう。

①　0.001 を 38 こ集めた数　（　　　）

②　0.001 を 476 こ集めた数　（　　　）

③　0.001 を 9378 こ集めた数　（　　　）

④　0.001 を 100 こ集めた数　（　　　）

⑤　0.001 を 270 こ集めた数　（　　　）

⑥　0.001 を 5000 こ集めた数　（　　　）

月　　日

1 整数と小数

整数と小数（5）

名前

1　7.26を10倍，100倍，1000倍した数を，表に書きましょう。

	千の位	百の位	十の位	一の位	$\frac{1}{10}$の位	$\frac{1}{100}$の位	$\frac{1}{1000}$の位
10倍した数							
100倍した数							
1000倍した数							

2　次の数を10倍，100倍，1000倍した数を求めましょう。

①　0.508

0.508 × 10　（　　　　）　0.508 × 100　（　　　　）　0.508 × 1000　（　　　　）

②　0.014

0.014 × 10　（　　　　）　0.014 × 100　（　　　　）　0.014 × 1000　（　　　　）

3　次の数は，それぞれ2.18を何倍した数ですか。

①　218　（　　　　）倍した数

②　21.8　（　　　　）倍した数

③　2180　（　　　　）倍した数

月　　日

1 整数と小数

整数と小数（6）

名前

1　916を$\frac{1}{10}$，$\frac{1}{100}$，$\frac{1}{1000}$にした数を，表に書きましょう。

	千の位	百の位	十の位	一の位	$\frac{1}{10}$の位	$\frac{1}{100}$の位	$\frac{1}{1000}$の位
$\frac{1}{10}$にした数							
$\frac{1}{100}$にした数							
$\frac{1}{1000}$にした数							

2　次の数を$\frac{1}{10}$，$\frac{1}{100}$，$\frac{1}{1000}$にした数を求めましょう。

①　72.4

72.4 ÷ 10　（　　　　）　72.4 ÷ 100　（　　　　）　72.4 ÷ 1000　（　　　　）

②　8.3

8.3 ÷ 10　（　　　　）　8.3 ÷ 100　（　　　　）　8.3 ÷ 1000　（　　　　）

3　次の数は，それぞれ48.2を何分の一にした数ですか。

①　4.82　（　　　　）にした数

②　0.0482　（　　　　）にした数

③　0.482　（　　　　）にした数

月　日

1 ふりかえり・たしかめ (1)
整数と小数

名前

1 □にあてはまる数を書きましょう。

① 592 = 100 × □ + 10 × □ + 1 × □

② 7.08 = 1 × □ + 0.1 × □ + 0.01 × □

③ 5.304 = 1 × □ + 0.1 × □ + 0.01 × □ + 0.001 × □

2 □にあてはまる不等号を書きましょう。

① 0.1 □ 0.001　　② 0.98 □ 1.01

③ 34 □ 34.3 − 3　　④ 26 + 0.2 □ 26.5

3 次の数は，0.001 を何こ集めた数ですか。

① 0.794 (　　　) こ　　② 5.37 (　　　) こ

③ 8.6 (　　　) こ　　④ 1 (　　　) こ

月　日

1 ふりかえり・たしかめ (2)
整数と小数

名前

1 次の数は，それぞれ 0.746 を何倍した数ですか。

① 74.6 (　　　) 倍した数

② 7.46 (　　　) 倍した数

③ 746 (　　　) 倍した数

④ 7460 (　　　) 倍した数

2 次の数は，それぞれ 74.3 を何分の一にした数ですか。

① 0.743 (　　　) にした数

② 0.0743 (　　　) にした数

③ 7.43 (　　　) にした数

3 計算をしましょう。

① 276.8×10=　　② 3.46×100=

③ 0.045×1000=　　④ 98.7×1000=

⑤ 114.8÷10=　　⑥ 7.26÷100=

⑦ 53.9÷1000=　　⑧ 3.07÷1000=

月　　日

1 まとめのテスト
整数と小数

名前

【知識・技能】

1 □にあてはまる数を書きましょう。(5 × 2)

① 8.167 = 1 × □ + 0.1 × □ + 0.01 × □ + 0.001 × □

② 4.936 = □ × 4 + □ × 9 + □ × 3 + □ × 6

2 次の数は，0.001 を何こ集めた数ですか。(5 × 2)

① 0.374　(　　　)こ

② 9.03　(　　　)こ

3 次の数を書きましょう。(5 × 4)

① 70.23 を 100 倍した数　(　　　)

② 70.23 を 1000 倍した数　(　　　)

③ 70.23 を $\frac{1}{10}$ にした数　(　　　)

④ 70.23 を $\frac{1}{100}$ にした数　(　　　)

4 計算をしましょう。(5 × 2)

① 2.7 × 1000 =

② 4.9 ÷ 100 =

【思考・判断・表現】

5 次の数は，3.92 を何倍，または何分の一にした数ですか。(5 × 6)

① 392　(　　　)にした数

② 0.0392　(　　　)にした数

③ 39.2　(　　　)にした数

④ 3920　(　　　)にした数

⑤ 0.00392　(　　　)にした数

⑥ 39200　(　　　)にした数

6 下の 5 まいのカードを，右の □ にあてはめて，いろいろな大きさの数をつくりましょう。(5 × 4)

□□.□□□

1　2　4　8　9

① いちばん大きい数

□□.□□□

② 2 番めに大きい数

□□.□□□

③ いちばん小さい数

□□.□□□

④ 50 にいちばん近い数

□□.□□□

月　日

2 直方体や立方体の体積
もののかさの表し方 (1)

名前

1 (　　) にあてはまることばを書きましょう。

もののかさのことを (　　　　) といいます。

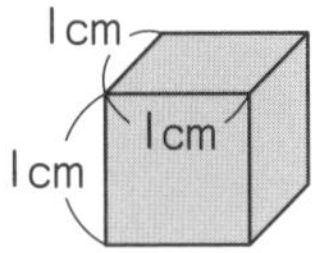

右のように，1 辺が 1cm の立方体の体積を

1cm^3 と書いて，(　　　　　　　　　) と

読みます。

2 下のような形の体積は何 cm^3 ですか。

①

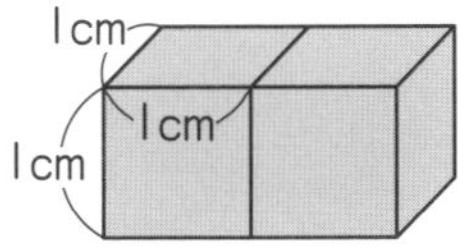

□ cm^3

②

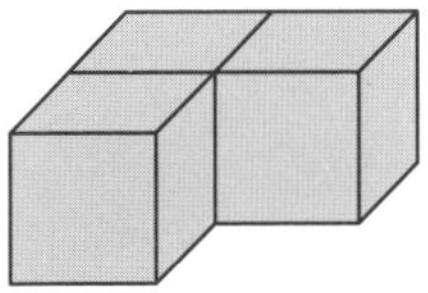

□ cm^3

③

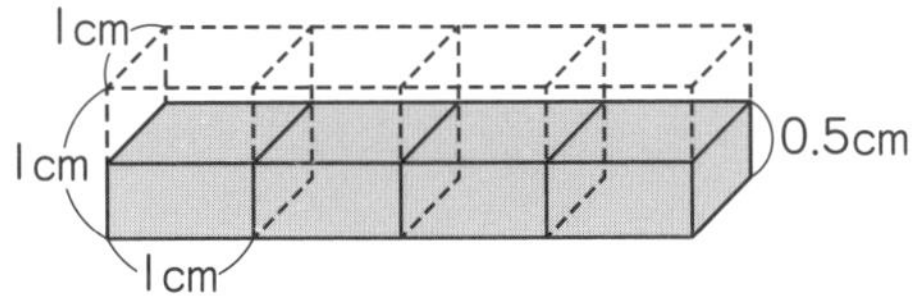

□ cm^3

④

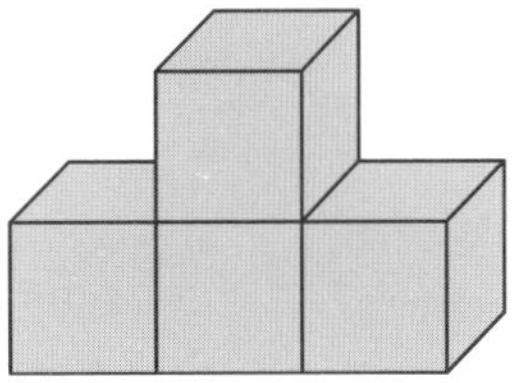

□ cm^3

月　日

2 直方体や立方体の体積
もののかさの表し方 (2)

名前

● 1cm^3 が何こあるかを調べて，体積を求めましょう。

①

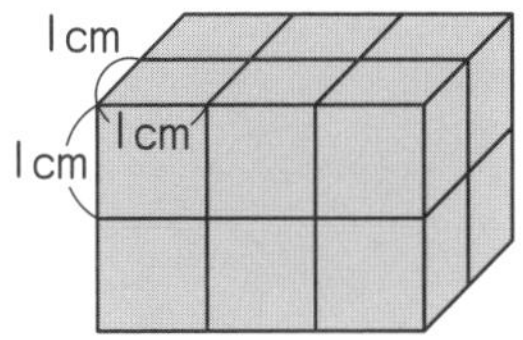

1cm^3 のこ数を求める式

□

1cm^3 が □ こで，□ cm^3

②

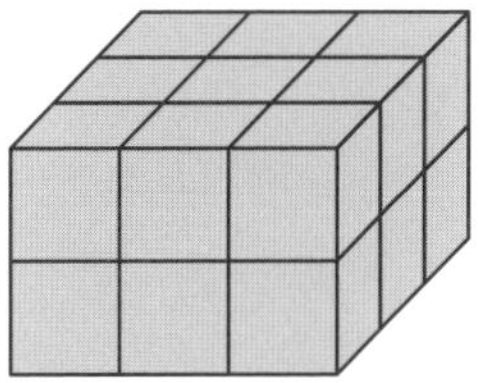

1cm^3 のこ数を求める式

□

1cm^3 が □ こで，□ cm^3

③

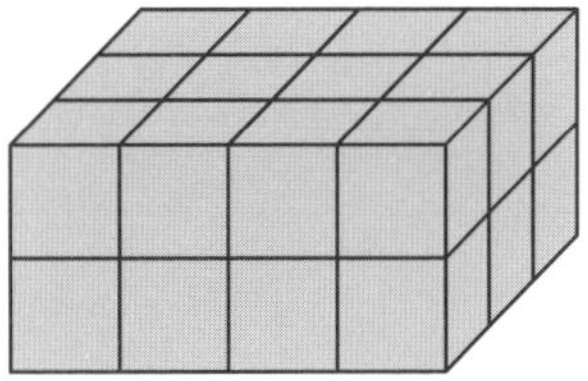

1cm^3 のこ数を求める式

□

1cm^3 が □ こで，□ cm^3

④

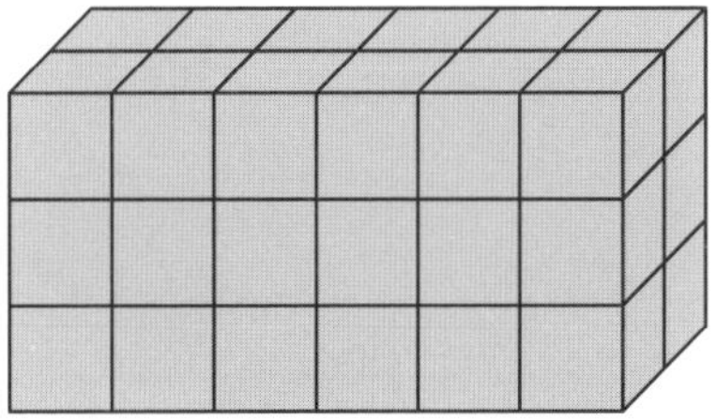

1cm^3 のこ数を求める式

□

1cm^3 が □ こで，□ cm^3

月　　日

2 直方体や立方体の体積

もののかさの表し方 (3)

名前

1 直方体や立方体を求める公式を書きましょう。

直方体の体積＝
立方体の体積＝

2 下のような形の体積は何 cm^3 ですか。

①

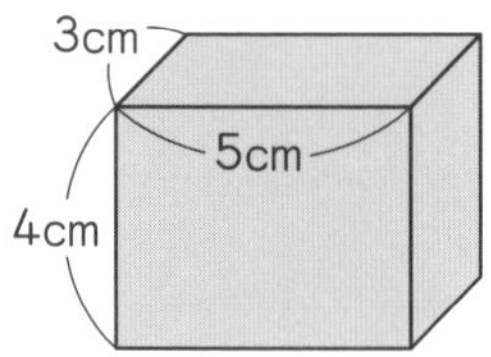

式

答え

②

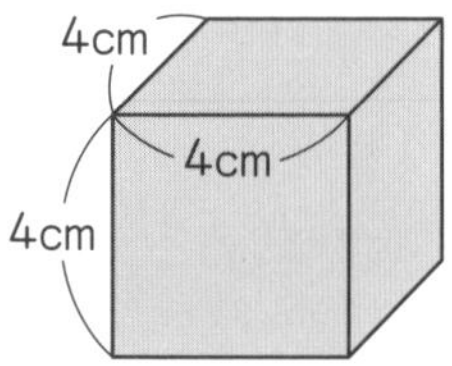

式

答え

③

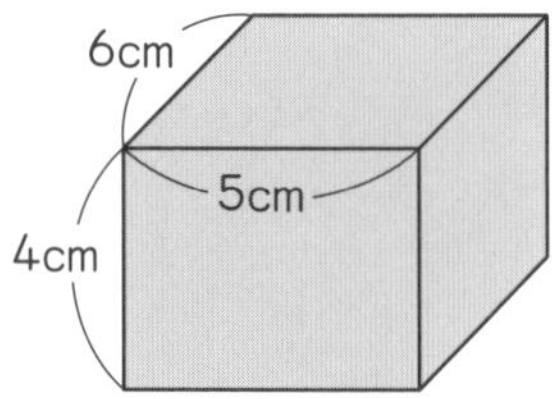

式

答え

④

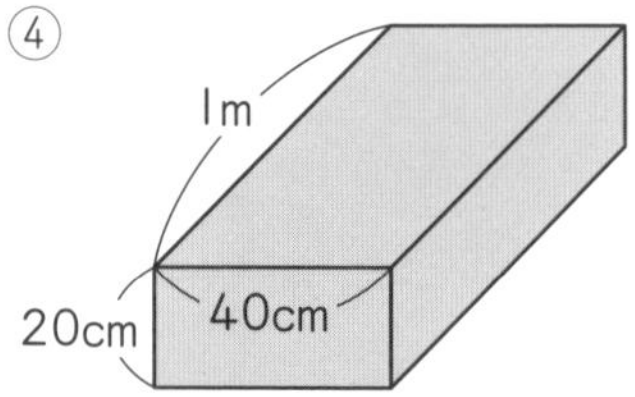

式

答え

月　　日

2 直方体や立方体の体積

もののかさの表し方 (4)

名前

1 下の直方体や立方体の体積は何 cm^3 ですか。

①

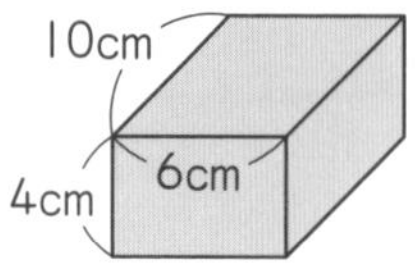

式

答え

②

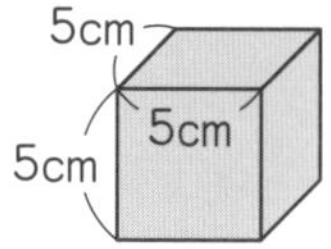

式

答え

③

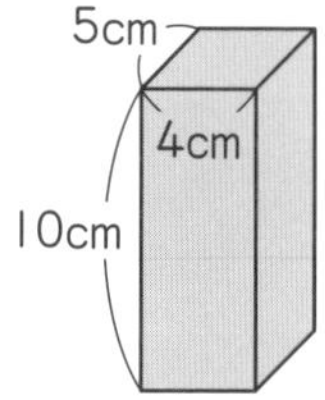

式

答え

④

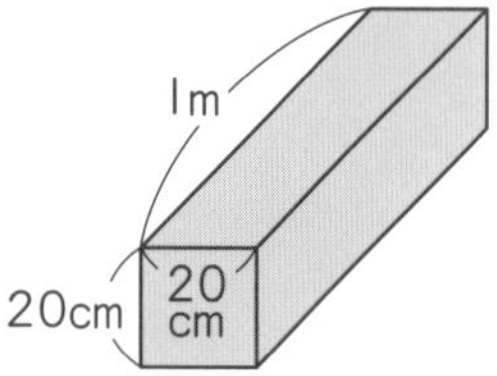

式

答え

2 下の図は直方体の展開図《てんかいず》です。この直方体の体積を求めましょう。

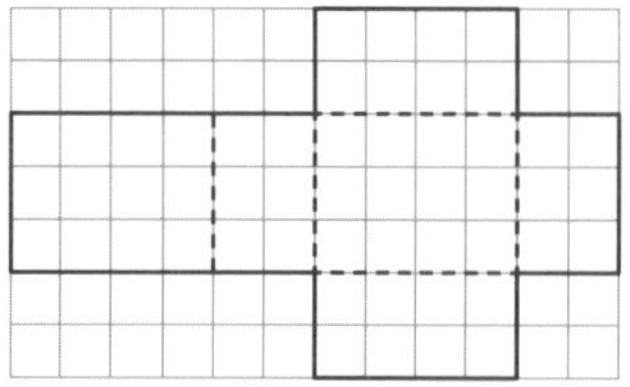

式

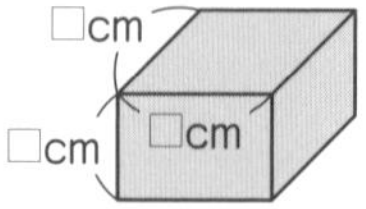

答え

月　　日

2 直方体や立方体の体積
もののかさの表し方（5）

名前

トライ

● 体積が分かっている直方体で，□にあてはまる数を，求めましょう。

① 体積 $96cm^3$

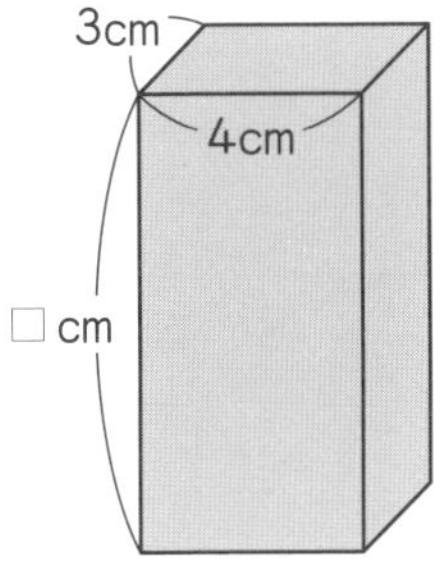

式

答え

② 体積 $150cm^3$

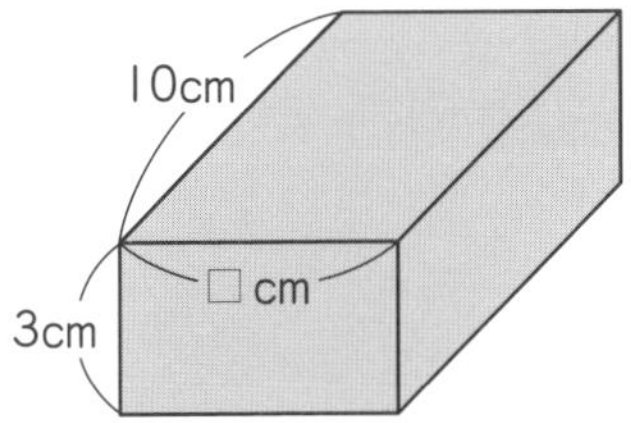

式

答え

③ 体積 $192cm^3$

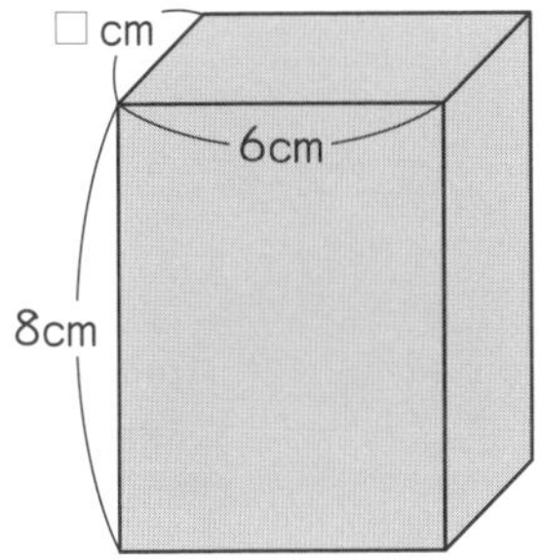

式

答え

月　　日

2 直方体や立方体の体積
もののかさの表し方（6）

名前

● 下のような形の体積を，㋐，㋑の２つの方法で求めましょう。

㋐ 点線で２つの直方体に分けて求めましょう。

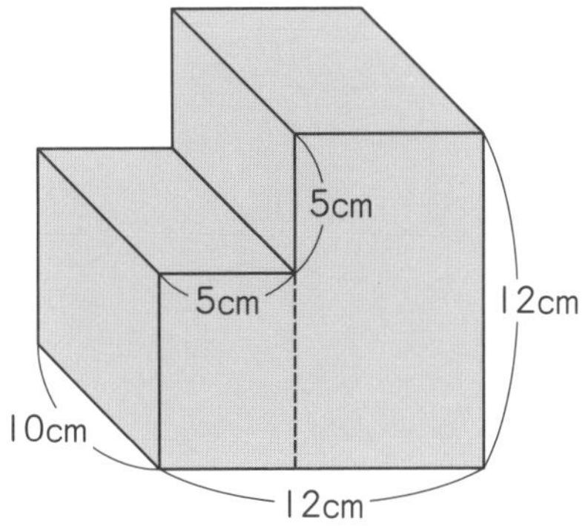

式

答え

㋑ 点線の部分もあると考え，あとでひいて求めましょう。

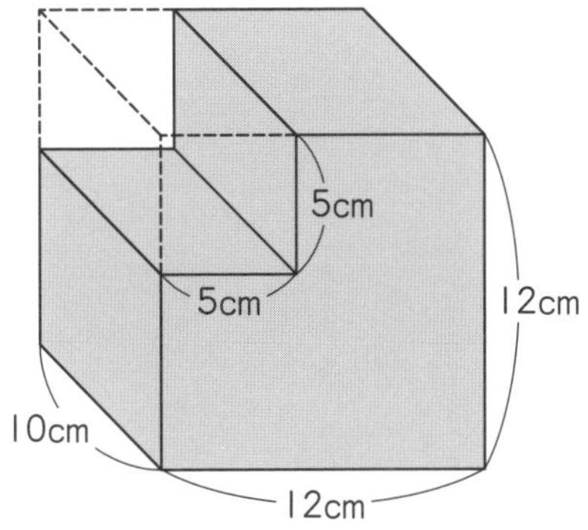

式

答え

2 直方体や立方体の体積
もののかさの表し方（7）

名前

● 下のような形の体積を求めましょう。

①

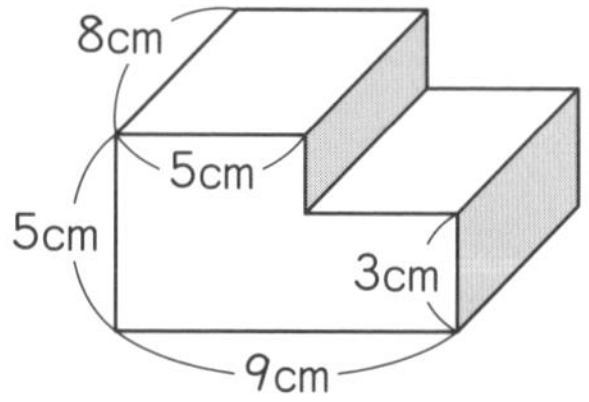

式

答え

②

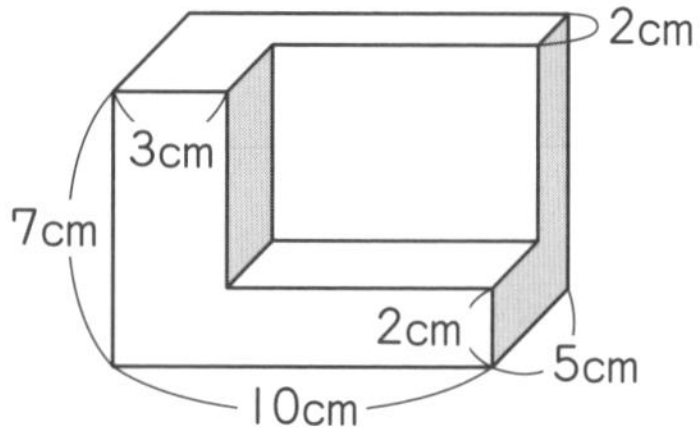

式

答え

③

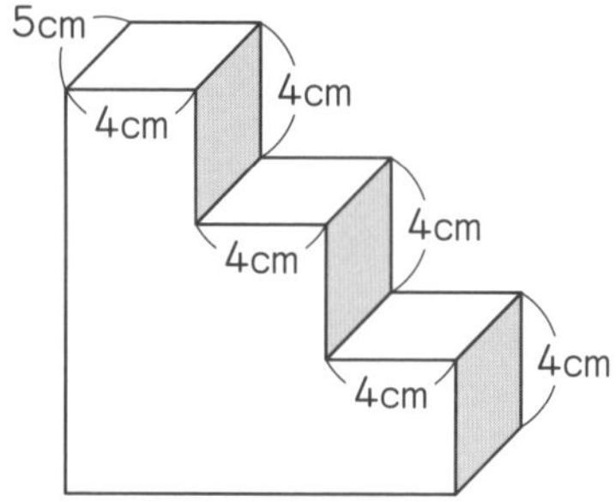

式

答え

2 直方体や立方体の体積
もののかさの表し方（8）

名前

トライ

● 右のような形の体積を求めるために，①～④の式を考えました。
①～④の式の考えに合う図を，下の㋐～㋓から選んで □ に記号を書きましょう。

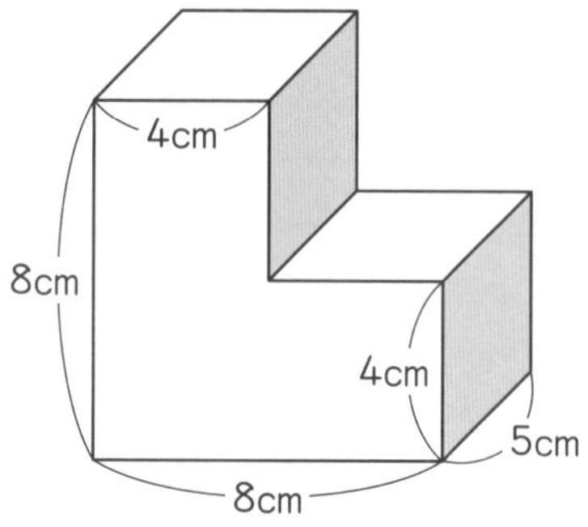

① $5 \times 4 \times 4 = 80$
$5 \times 8 \times 4 = 160$
$80 + 160 = 240$ □

② $5 \times 4 \times 8 = 160$
$5 \times 4 \times 4 = 80$
$160 + 80 = 240$ □

③ $5 \times 8 \times 8 = 320$
$5 \times 4 \times 4 = 80$
$320 - 80 = 240$ □

④ $5 \times 4 \times 4 = 80$
$80 \times 3 = 240$ □

㋐
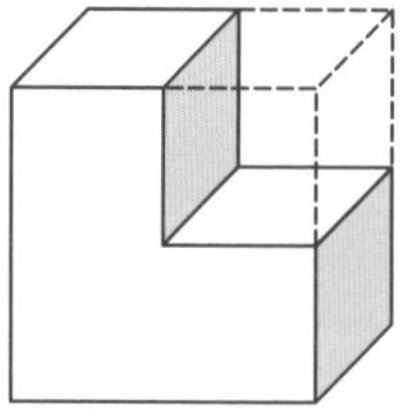

㋑
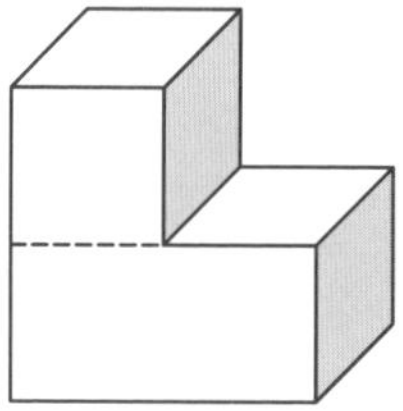

㋒
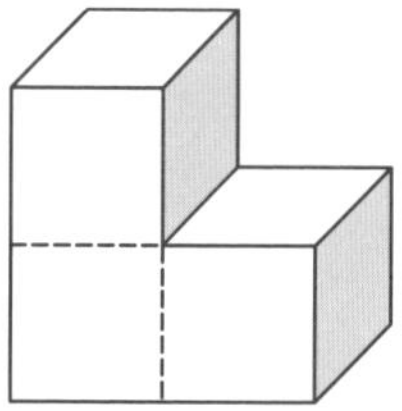

㋓
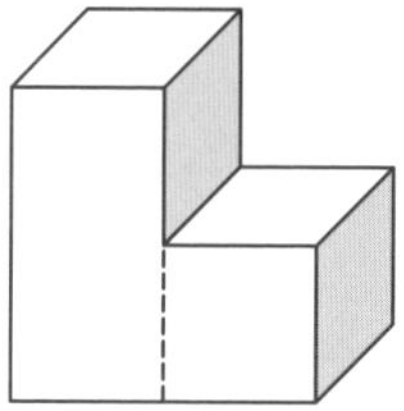

月　　日

2 直方体や立方体の体積

いろいろな体積の単位（1）

名前

1　右のような1辺が1mの立方体の体積を$1m^3$と書いて何と読みますか。
読みを書きましょう。

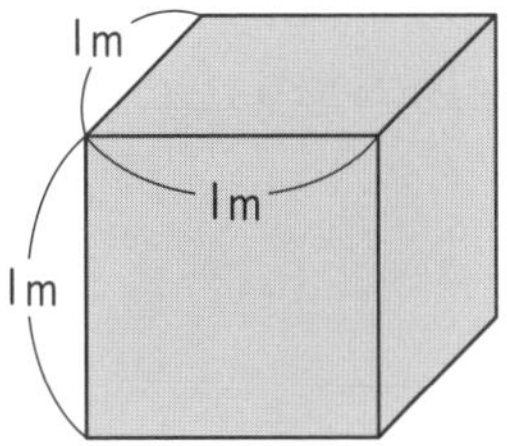

[　　　　　　　　　　]

2　$1m^3$は，何cm^3ですか。□にあてはまる数を書きましょう。

$1m^3$ = 1m × 1m × 1m

1mは100cmだから

$1m^3$ = [　　] cm × [　　] cm × [　　] cm

$1m^3$ = [　　　　] cm^3

3　（　　）にあてはまる数を書きましょう。

① $2m^3$ =（　　　　　　）cm^3

② $10m^3$ =（　　　　　　）cm^3

③ $3000000cm^3$ =（　　　）m^3

④ $5000000cm^3$ =（　　　）m^3

月　　日

2 直方体や立方体の体積

いろいろな体積の単位（2）

名前

● 下の直方体や立方体の体積は何m^3ですか。

①

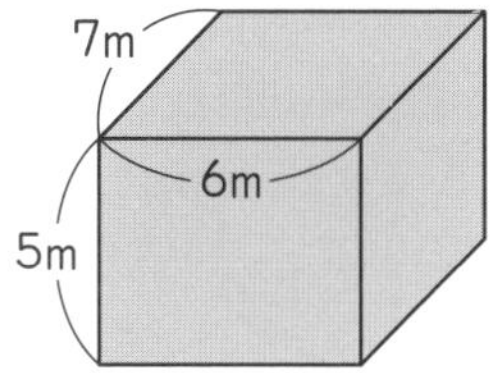

式

答え

②

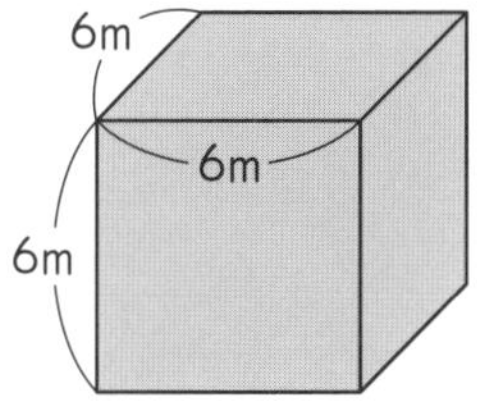

式

答え

③

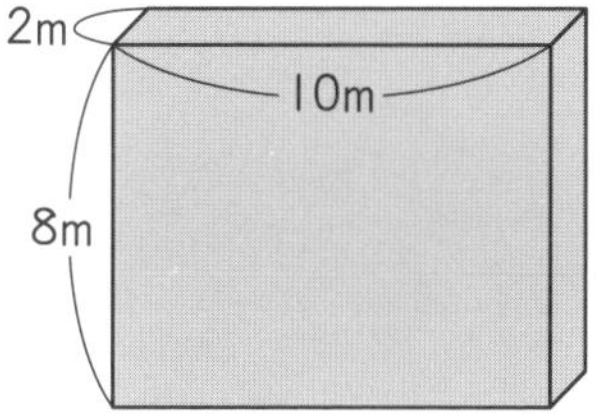

式

答え

④

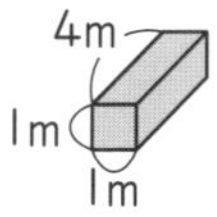

式

答え

⑤

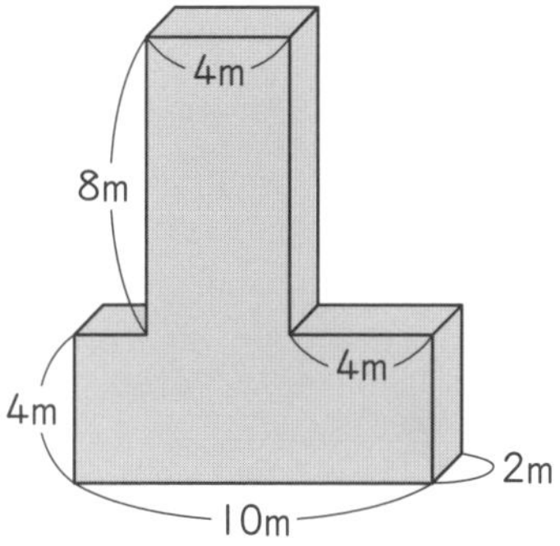

式

答え

月　　日

2 直方体や立方体の体積

いろいろな体積の単位（3）

名前

● 厚《あつ》さ１cmの板で，右のような直方体の形をした入れ物を作りました。
　下の問いに答えましょう。

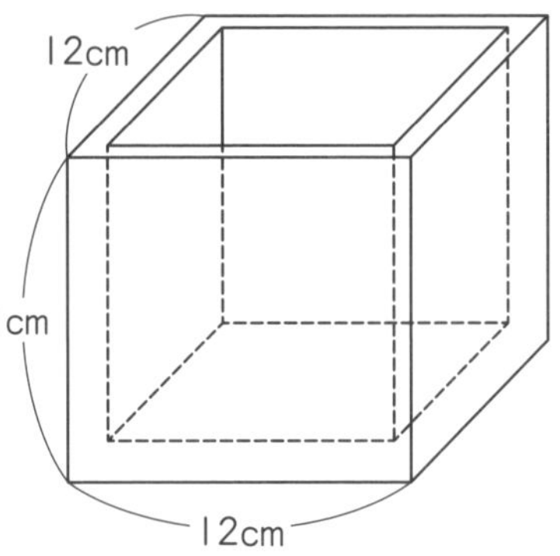

① 水が入る内側の長さ（内のり）を求めましょう。

たて　12 − □ ＝ □ (cm)

横　12 − □ ＝ □ (cm)

深さ　11 − □ ＝ □ (cm)

② この入れ物の中に，いっぱいに水を入れたときの水の体積（容積《ようせき》）は何 cm^3 ですか。

式

答え ＿＿＿＿＿＿

③ この入れ物に入る水のかさは，何Ｌですか。

（　　　　）

月　　日

2 直方体や立方体の体積

いろいろな体積の単位（4）

名前

● 厚《あつ》さ１cmの板で、右のような直方体の形をした入れ物を作りました。
　下の問いに答えましょう。

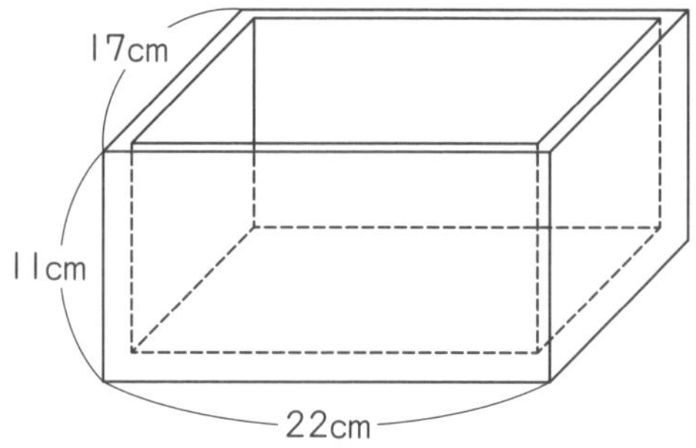

① 内のりのたて，横，深さはそれぞれ何cmですか。

たて
　式

答え ＿＿＿＿＿＿

横
　式

答え ＿＿＿＿＿＿

深さ
　式

答え ＿＿＿＿＿＿

② この入れ物の容積《ようせき》は何 cm^3 ですか。

式

答え ＿＿＿＿＿＿

③ この入れ物の容積は何Ｌですか。

（　　　　）

月　　日

2 直方体や立方体の体積

いろいろな体積の単位（5）

名前

● 下の水そうの容積《ようせき》は何 cm^3 ですか。また，何 L ですか。

① 長さは内のり

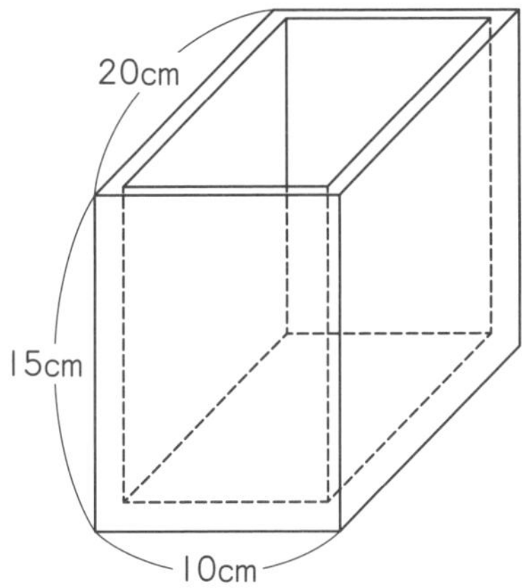

式

答え　　　　　　cm^3，　　　L

② 板の厚《あつ》さは 1cm

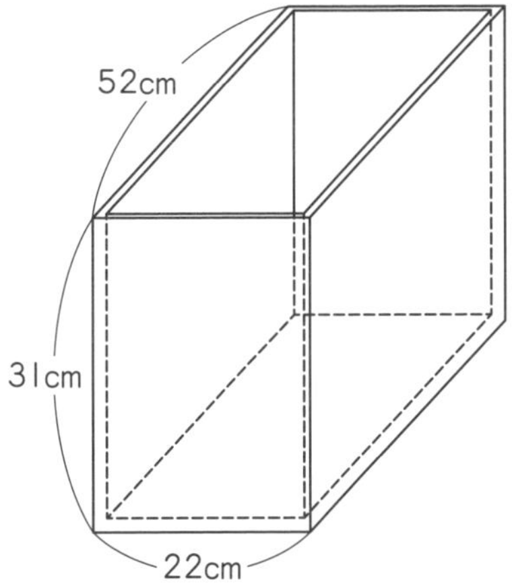

式

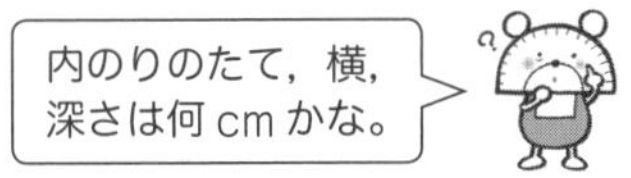

答え　　　　　　cm^3，　　　L

月　　日

2 直方体や立方体の体積

いろいろな体積の単位（6）

名前

1 長さと面積と体積の単位の関係を表に整理します。
（　）にあてはまる数を，□にあてはまる単位を書きましょう。

1 辺の長さ	1cm	10cm	1m
正方形の面積	1 □	100cm^2	1 □
立方体の体積	1 □ （　　）mL	1000cm^3 （　　）L	1 □ （　　）kL

2 （　）にあてはまる数を書きましょう。

① 1L =（　　　　）cm^3　　② 1L =（　　　　）mL

③ 1mL =（　　）cm^3　　④ 1m^3 =（　　　　）L

⑤ 1kL =（　　　　）L　　⑥ 1kL =（　　）m^3

⑦ 1m^3 =（　　　　　　　）cm^3

⑧ 1000cm^3 =（　　　　）mL =（　　）L

月　　日

2 直方体や立方体の体積
いろいろな体積の単位（7）

名前

● 下の図のような水そうがあります。（長さは内のりです。）

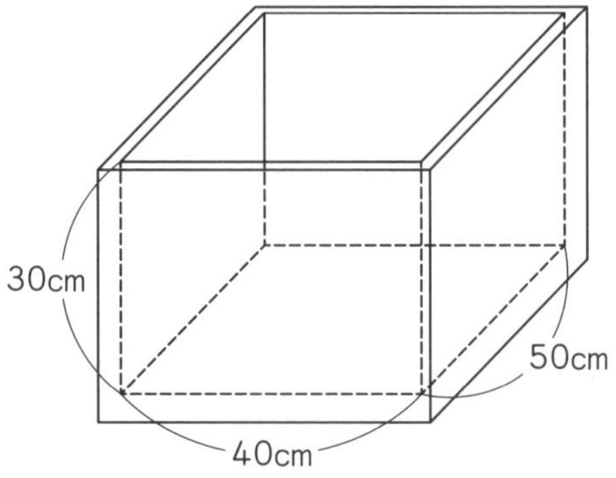

① この水そうの容積《ようせき》は，何 cm^3 ですか。

式

答え

トライ ② この水そうに 24 L の水を入れると，水の深さは何 cm になりますか。

式

答え

トライ ③ 水そういっぱいにするには，水をあと何 L 入れればよいですか。

式

答え

月　　日

2 ふりかえり・たしかめ（1）
直方体や立方体の体積

名前

1 下の立方体や直方体の体積は何 cm^3 ですか。

①

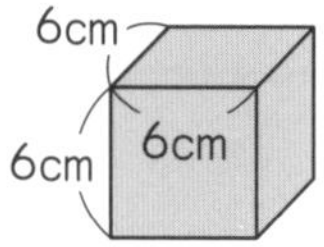

式

答え

②

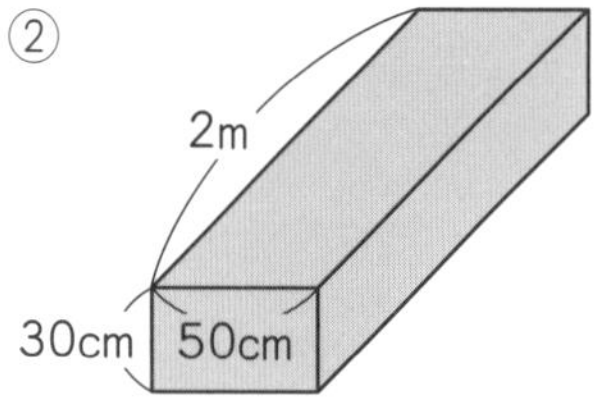

式

答え

2 右のような形の体積を，㋐，㋑の式で求めました。どのように考えたのかを，図に線をかいて説明しましょう。

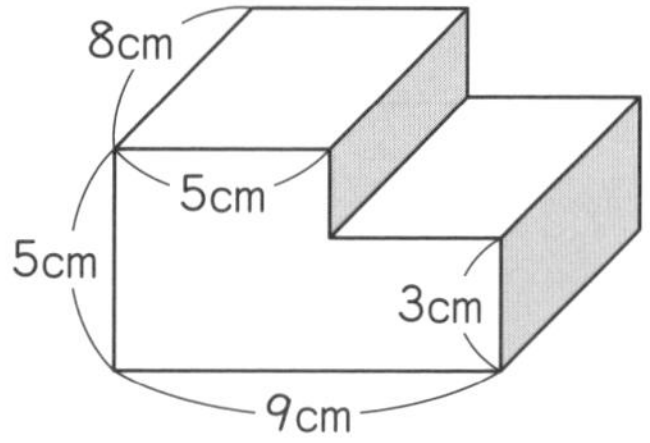

㋐ $8 \times 5 \times 5 + 8 \times 4 \times 3$

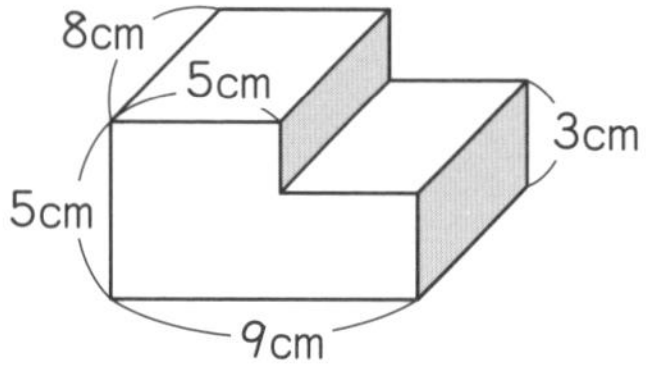

㋑ $8 \times 5 \times 2 + 8 \times 9 \times 3$

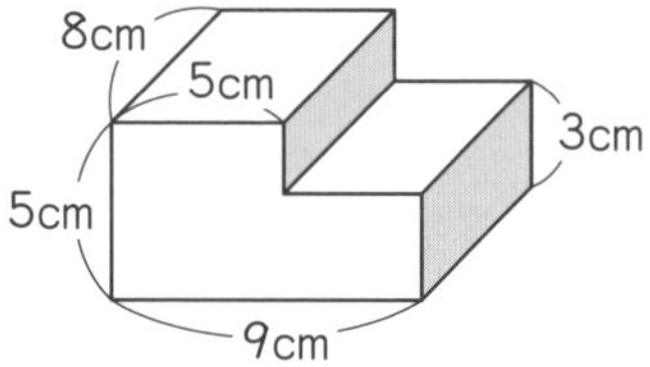

月　日

2 ふりかえり・たしかめ (2)
直方体や立方体の体積

名前

1 下のような形の体積を求めましょう。

①

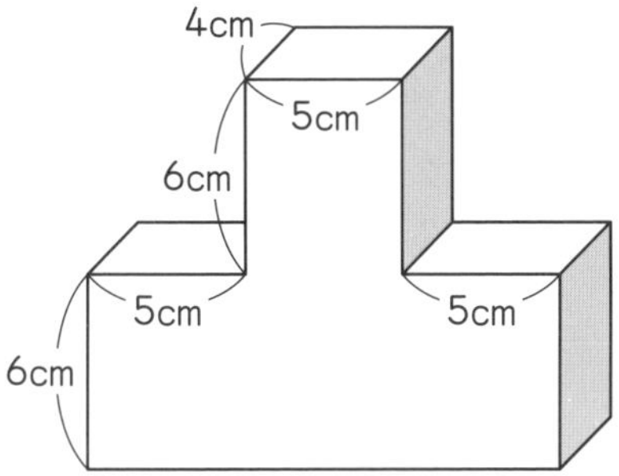

式

答え

②

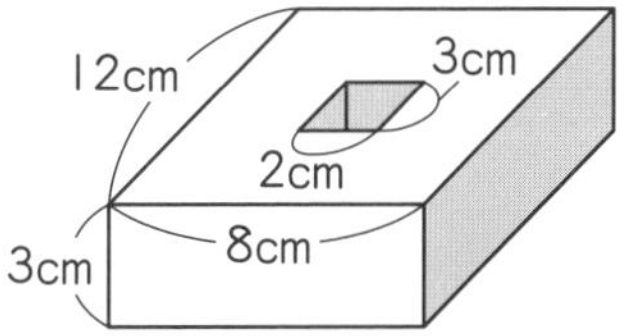

式

答え

2 下の直方体の体積は何 m^3 ですか。また，何 cm^3 ですか。

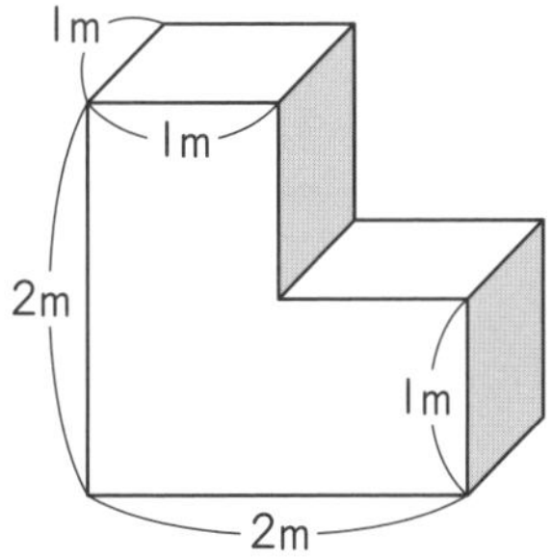

式

答え　　m^3，　　　cm^3

月　日

2 ふりかえり・たしかめ (3)
直方体や立方体の体積

名前

● 厚《あつ》さ 1cm の板で作った右のような入れ物があります。

① 入れ物の容積《ようせき》は何 cm^3 ですか。
また，何 L ですか。

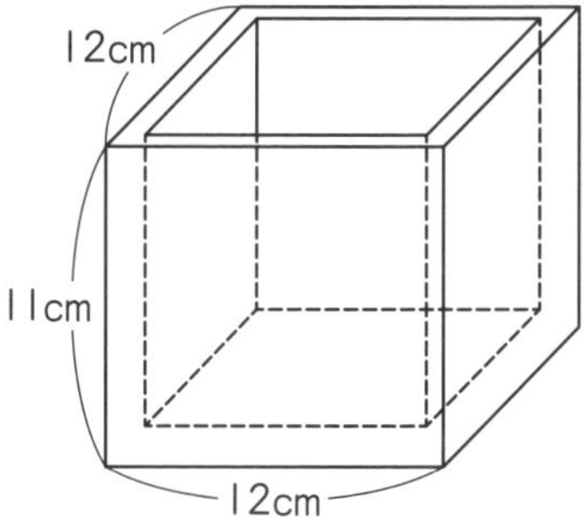

式

答え　　　cm^3，　　L

② 入れ物に，深さ 6cm まで水を入れました。
水を何 cm^3 入れましたか。

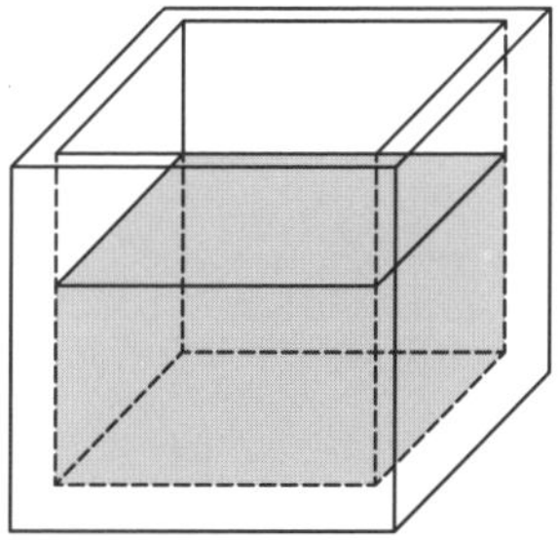

式

答え

③ ②のように，水が入っているところに石を入れると，2cm 水面が上がりました。
石の体積は何 cm^3 ですか。

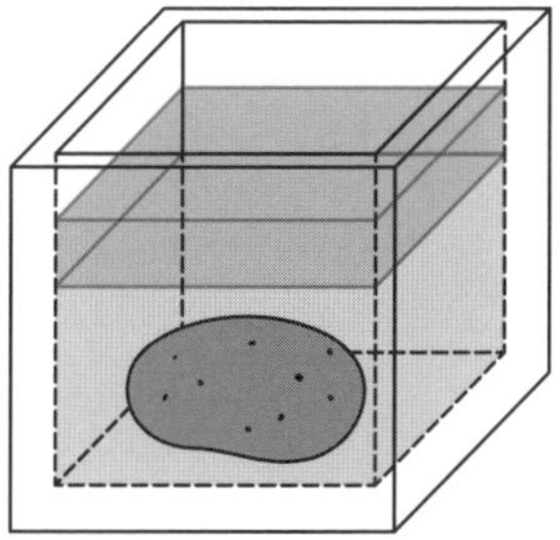

式

答え

2 まとめのテスト

直方体や立方体の体積

月　　日

名前

【知識・技能】

1　次の直方体や立方体の体積を求めましょう。(5 × 8)

①

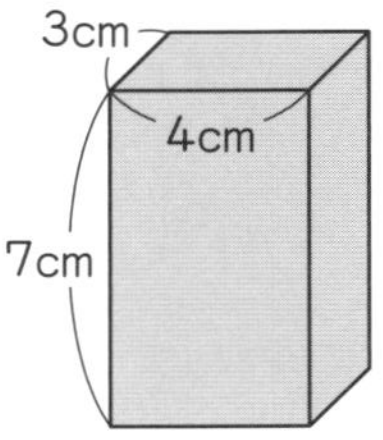

式

答え

②

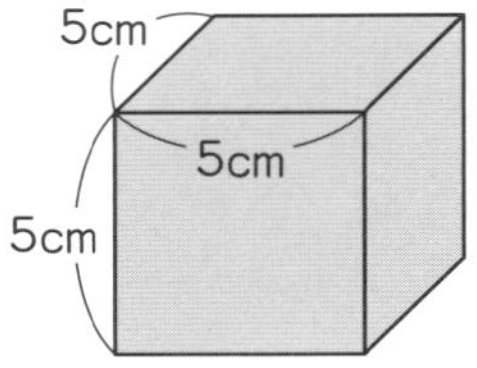

式

答え

③

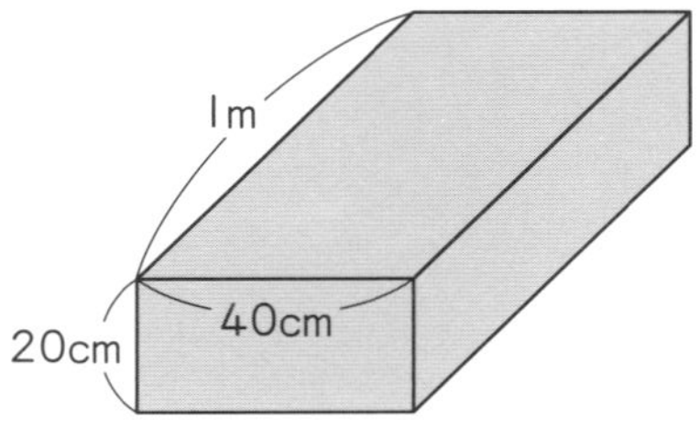

式

答え

④

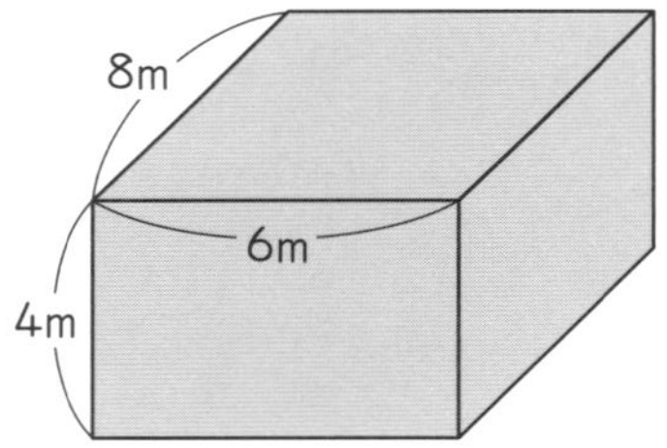

式

答え

2　(　　)にあてはまる数を書きましょう。(5 × 2)

①　1L ＝ (　　　　　) cm^3

②　$1m^3$ ＝ (　　　　　) L

【思考・判断・表現】

3　右のような形の体積を求めましょう。(5 × 2)

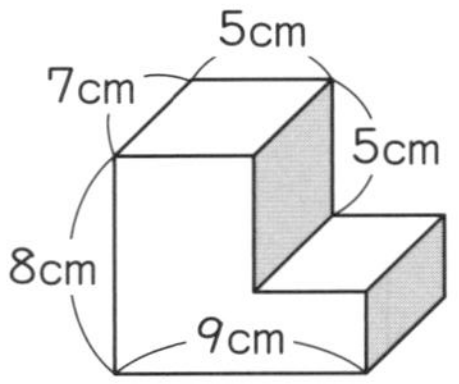

式

答え

4　右の展開図《てんかいず》を組み立ててできる直方体の体積を求めましょう。(5 × 2)

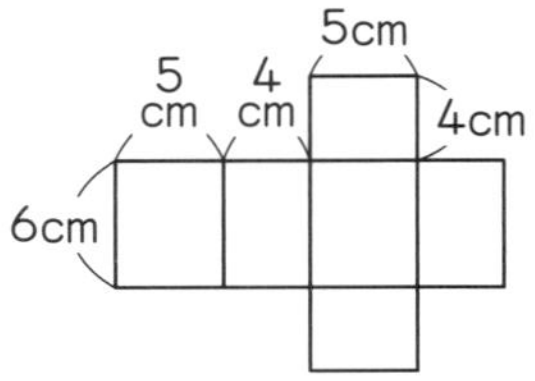

式

答え

5　右の直方体の□にあてはまる数を求めましょう。(5 × 2)

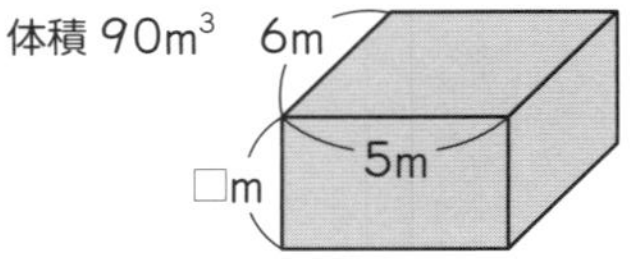

式

答え

6　厚《あつ》さ1cmの板で，右のような直方体の形をした入れ物を作りました。(5 × 4)

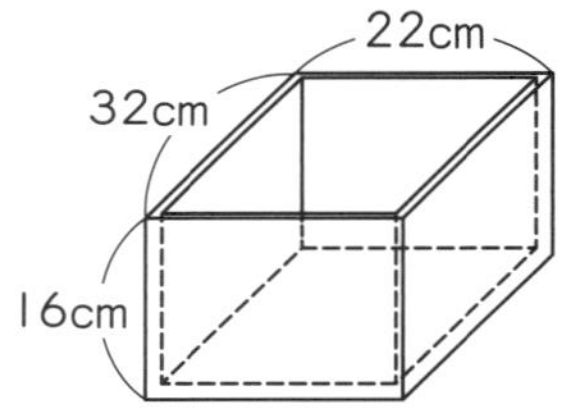

①　この入れ物の容積《ようせき》は何 cm^3 ですか。

式

答え

②　この入れ物にバケツで3Lずつ水を入れると，何ばいでいっぱいになりますか。

式

答え

月　　日

3 比例
比例（1）

名前

● 下の図のように，直方体の高さが 1cm，2cm，3cm，…と変わると，それにともなって体積はどのように変わりますか。

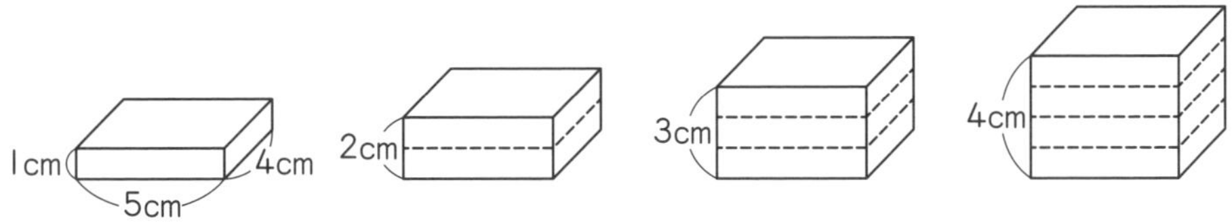

① 高さ □ cm が 2cm，3cm，…のとき，体積 ○ cm^3 は何 cm^3 になりますか。下の表にまとめましょう。
あいているところに数字を書きましょう。

高さ □(cm)	1	2	3	4	5	6	7	8	
体積 ○(cm^3)	20								

② 高さ □ cm が 2 倍，3 倍になると，体積 ○ cm^3 はどのように変わりますか。

（　　　　　　　　　　　　　　）

③ 2 つの量，□ と ○ はどのような関係になっていますか。
（　）にあてはまることばを書きましょう。

○は□に（　　　　　）する。

月　　日

3 比例
比例（2）

名前

● 下の表は，ある直方体の高さ □ cm と体積 ○ cm^3 の関係をまとめたものです。表をみて下の問いに答えましょう。

①

高さ □(cm)	1	2	3	4	5	6	7	8	
体積 ○(cm^3)	40	80	120		200	240	280	320	

㋐ 高さが 4cm のときの体積は，何 cm^3 ですか。

式

答え

㋑ 高さが 20cm のときの体積は，何 cm^3 ですか。

式

答え

②

高さ □(cm)	1	2	3	4	5	6	7	8	
体積 ○(cm^3)	30	60	90	120	150	180	210	240	

高さが 40cm のときの体積は，何 cm^3 ですか。

式

答え

月　日

3 比例

比例（3）

名前

● 次の，ともなって変わる 2 つの量で，○ は □ に比例《ひれい》していますか。表を完成させて，「比例している」，「比例していない」のどちらかに ⬭ をつけましょう。

① たての長さが 5cm の長方形の横の長さ □ cm と，面積 ○ cm^2

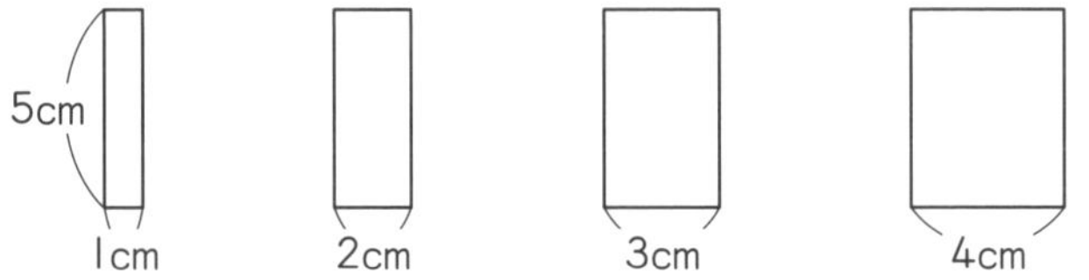

横の長さ □(cm)	1	2	3	4	5	6	7	8	
面　積 ○(cm^2)	5	10		20					

（　比例している　　比例していない　）

② 1 本 30 円のひごを □ 本買ったときの，代金 ○ 円

ひごの数 □(本)	1	2	3	4	5	6	7	8	
代　金 ○(円)	30	60							

（　比例している　　比例していない　）

③ 1 本 30 円のひごを □ 本と，60 円のねん土を 1 個《こ》買ったときの，代金 ○ 円

ひごの数 □(本)	1	2	3	4	5	6	7	8	
代　金 ○(円)	90	120	150	180					

（　比例している　　比例していない　）

月　日

3 比例

比例（4）

名前

● 次の，ともなって変わる 2 つの量で，○ は □ に比例《ひれい》していますか。表を完成させて，「比例している」，「比例していない」のどちらかに ⬭ をつけましょう。

① 1 個《こ》80 円のだんごを □ 個と，60 円のお茶を 1 本買ったときの，代金 ○ 円

だんごの数 □(個)	1	2	3	4	5	6	7	8	
代　金 ○(円)	140	220	300	380					

（　比例している　　比例していない　）

② 1 辺の長さが □ cm の正方形のまわりの長さ ○ cm

1 辺の長さ □(cm)	1	2	3	4	5	6	7	8	
まわりの長さ ○(cm)	4	8	12						

（　比例している　　比例していない　）

③ 厚《あつ》さ 6cm の辞典を □ さつ積み上げたときの，全体の高さ ○ cm

辞典の数 □(さつ)	1	2	3	4	5	6	7	8	
全体の高さ ○(cm)	6	12	18						

（　比例している　　比例していない　）

月　日

3 比例
比例（5）

名前

● 1mのねだんが60円のテープがあります。買う長さが1m，2m，3m，…と変わると，それにともなって代金はどのように変わりますか。

① 表を完成させて，比例《ひれい》していることをたしかめましょう。

長さ □(m)	1	2	3	4	5	6	7	8	
代金 ○(円)	60								

どちらか ⬭ をしよう (比例している　比例していない)

② 数直線の図を見て，次の長さのときの代金を求めましょう。

㋐ 12mでは

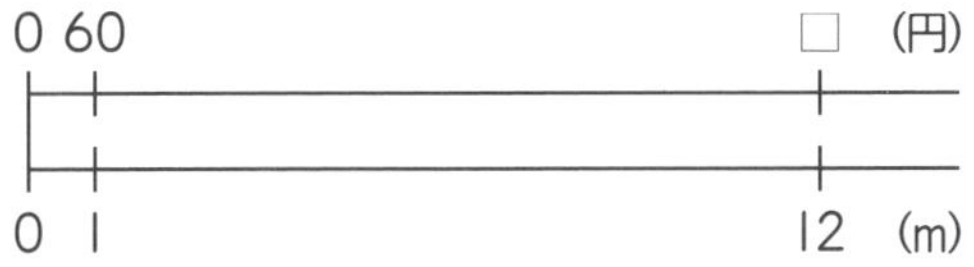

式

答え

㋑ 21mでは

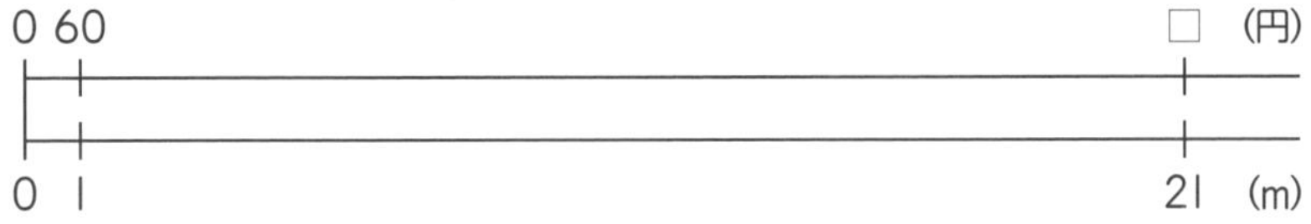

式

答え

月　日

3 比例
比例（6）

名前

● 1mの重さが15gのはり金があります。長さが1m，2m，3m，…と変わると，それにともなって重さはどのように変わりますか。

① 表を完成させて，比例《ひれい》していることをたしかめましょう。

長さ □(m)	1	2	3	4	5	6	7	8	
重さ ○(g)	15								

どちらか ⬭ をしよう (比例している　比例していない)

② 数直線の図を見て，次の長さのときの重さを求めましょう。

㋐ 9mでは

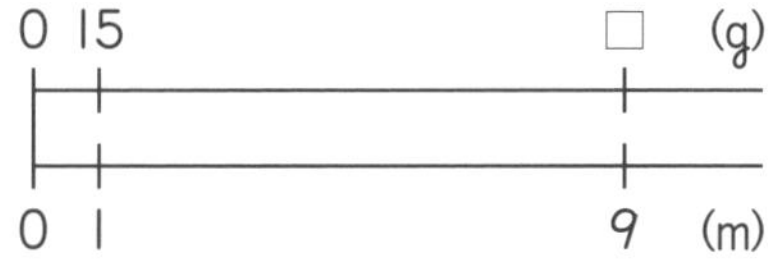

式

答え

㋑ 23mでは

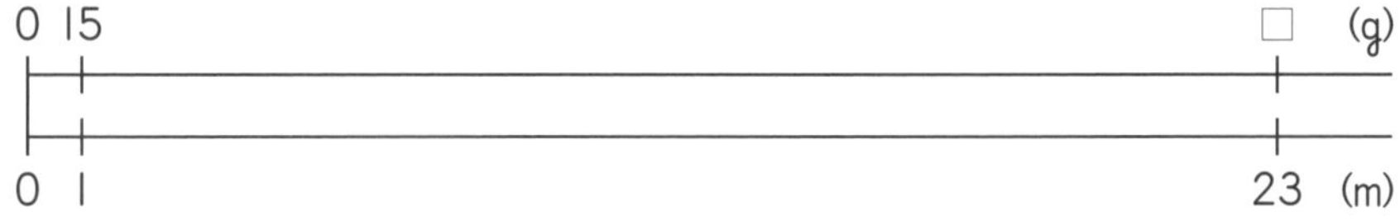

式

答え

月　日

3 ふりかえり・たしかめ (1)
比例

名前

1 水そうに 1 分間に 3L ずつ水を入れます。

① 水を入れる時間を □ 分，水そう全部の水の量を ○ L として表にまとめましょう。

時間 □(分)	1	2	3	4	5	6	7	8
水の量 ○(L)	3	6						

② 比例《ひれい》していますか。　(　　　　　　)

③ 12 分間水を入れると，水の量は何 L になりますか。

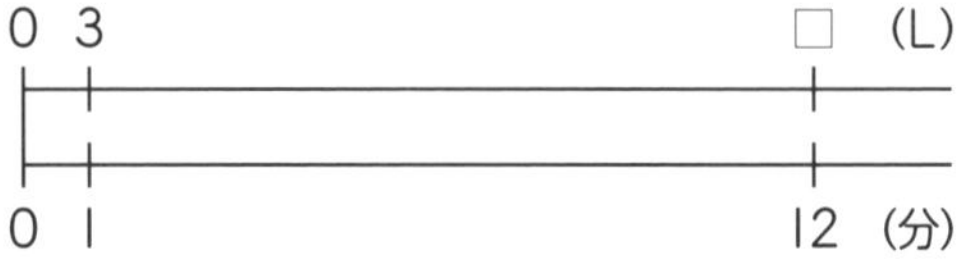

式

答え

2 8L の水が入った水そうに，水を 1 分間に 3L ずつ入れます。

① 水を入れる時間を □ 分，水そう全部の水の量を ○ L として表にまとめましょう。

時間 □(分)	1	2	3	4	5	6	7	8
水の量 ○(L)	11	14						

② 比例していますか。　(　　　　　　)

月　日

3 ふりかえり・たしかめ (2)
比例

名前

● ビルの階だんについて調べました。

階だん 1 だんの高さは 16cm です。階だんの数が 1 だん，2 だん，…と変わると，それにともなって高さはどのように変わりますか。

① 階だんの数を □ だん，高さを ○ cm として表を完成しましょう。

階だんの数 □(だん)	1	2	3	4	5	6	7	8
高さ ○(cm)	16	32						

② 高さ ○ cm は，階だんの数 □ だんに比例《ひれい》していますか。

(　　　　　　)

③ □ と ○ の関係を式に表します。(　　)にあてはまる数を書きましょう。

○ ＝ (　　　) × □

④ 54 だんでは何 cm になりますか。

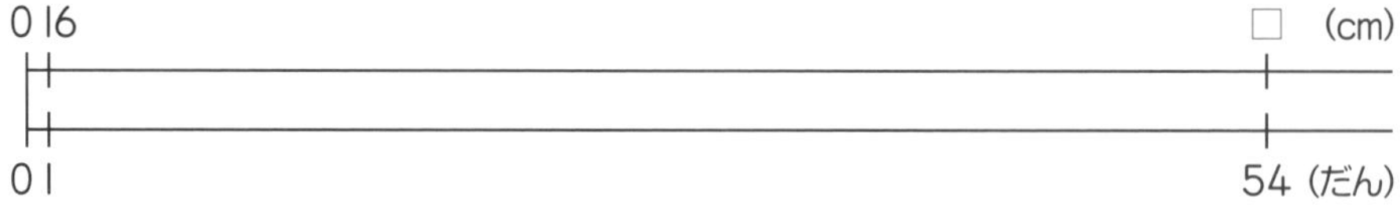

式

答え

3 まとめのテスト
比例

名前

【知識・技能】

1 高さ 3cm の積み木を 1 個《こ》，2 個，…と積んでいくとそれにともなって全体の高さはどのように変わりますか。

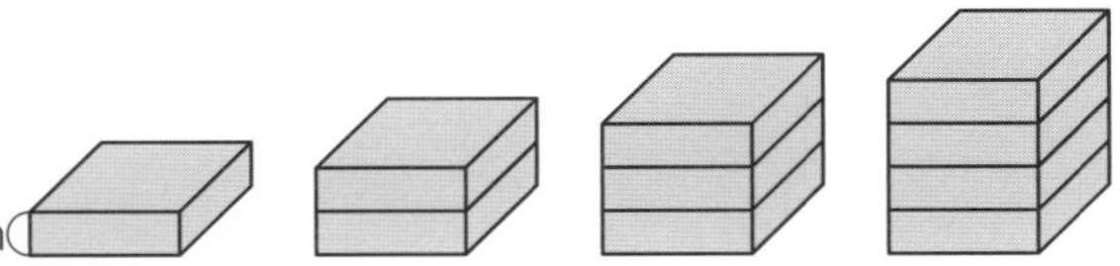

① 積み木の数を □ 個，全体の高さを ○ cm として，下の表にまとめましょう。(5×3)

積み木の数 □(個)	1	2	3	4	5	6
全体の高さ ○(cm)	3	6			15	

② □ 個と，○ cm の関係について，(　　) にあてはまることばや数を書きましょう。(5×3)

□ が 2 倍，3 倍，…になると，それにともなって ○ も (　　) 倍，(　　) 倍，…になります。

このようなとき，「○ は □ に (　　　　) する」といいます。

③ 積み木の数が 14 個のときの，全体の高さは何 cm ですか。(10×2)

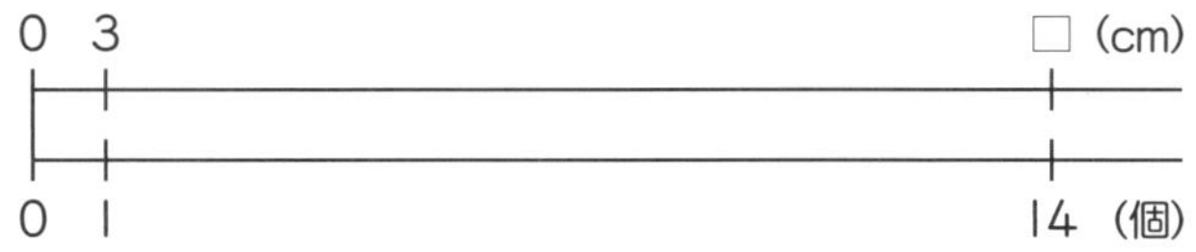

式

答え

【思考・判断・表現】

2 200g の入れ物に 1 個 300g のボールを入れます。

ボールを □ 個入れたときの，全体の重さを ○ g とします。

① 表を完成させましょう。(10)

ボールの数 □(個)	1	2	3	4	5	6
全体の重さ ○(g)	500	800				

② 全体の重さ ○ g は，ボールの数 □ 個に比例《ひれい》していますか。(5)

(　　　　　　)

3 1 辺の長さが □ cm の正方形のまわりの長さを ○ cm とします。

① 表を完成させましょう。(10)

1 辺の長さ □(cm)	1	2	3	4	5	6
まわりの長さ ○(cm)						

② まわりの長さ ○ cm は，1 辺の長さ □ cm に比例していますか。(5)

(　　　　　　)

③ □ と ○ の関係を式に表しましょう。(10)

○ ＝

④ 1 辺の長さが 18cm のとき，まわりの長さは何 cm ですか。(5×2)

式

答え

月　　日

4 小数のかけ算

小数のかけ算 (1)

名前

Ｉmのねだんが１２０円のロープがあります。
このロープを，2m，3m，2.4m 買うときの
代金を求めましょう。

① どんな式をたてればよいですか。

2m では

式

3m では

式

2.4m では

式

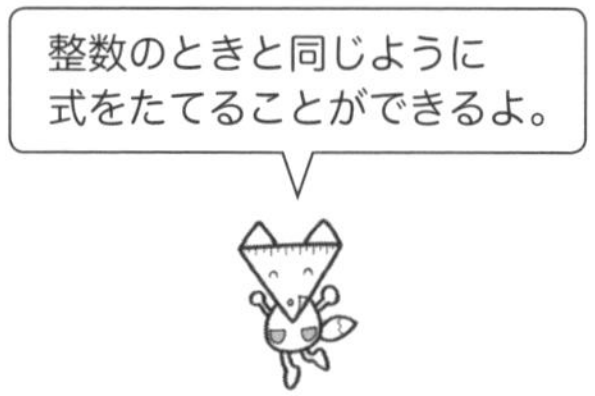

整数のときと同じように
式をたてることができるよ。

② 下の数直線の（　　）にあてはまる数を書きましょう。

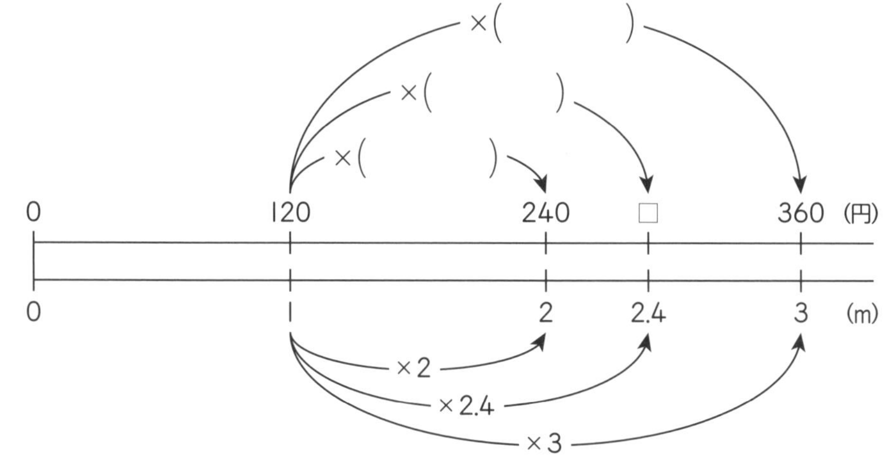

③ 120 × 2.4 の計算のしかたを考えます。（　　）にあてはまる数を書きましょう。

Aさんの考え方

2.4m は 0.1m の 24 こ分だから，0.1m のねだんを 24 倍する。

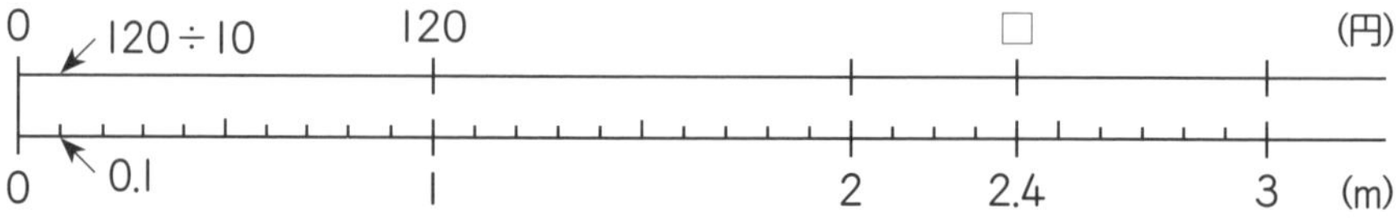

0.1m のねだん　120 ÷ 10 =（　　　）

2.4m の代金　（120 ÷ 10）×（　　　）

120 × 2.4 = 120 ÷ 10 ×（　　　）

=（　　　）　　答え　　　円

Bさんの考え方

ロープの長さが 10 倍になると代金も 10 倍になるから。

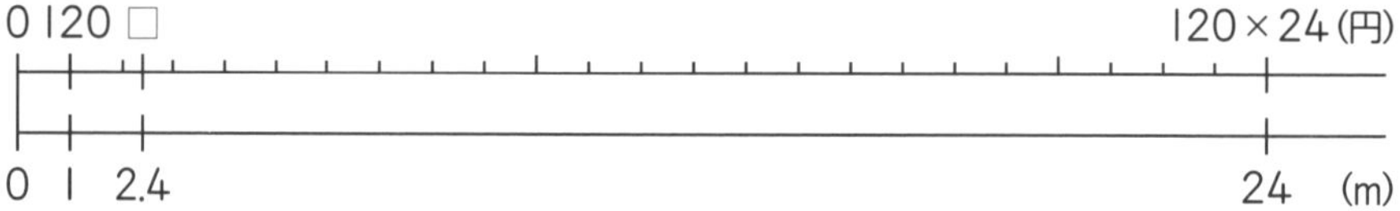

24m のねだん　120 × 24

2.4m は 24m の $\frac{1}{10}$ だから　2.4m の代金　120 × 24 ÷（　　　）

120 × 2.4 = 120 × 24 ÷（　　　）

=（　　　）　　答え　　　円

④ 答えを書きましょう。

2m（　　　）　3m（　　　）　2.4m（　　　）

240

360

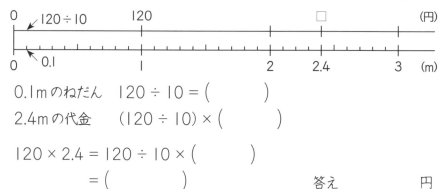

月　日

4 小数のかけ算

小数のかけ算（2）

名前

1　1mの重さが160gのひもがあります。
このひも1.7mの重さは何gですか。

① 0.1mの重さを求めましょう。

式

答え

② ①で求めた答えを17倍して，1.7mの重さを求めましょう。

式

答え

2　1Lのねだんが250円のジュースがあります。
このジュース3.2Lのねだんを求めましょう。

① 0.1Lのねだんを求めましょう。

式

答え

② ①で求めた答えを32倍して，3.2Lのねだんを求めましょう。

式

答え

月　日

4 小数のかけ算

小数のかけ算（3）

名前

1　1mの重さが1.86kgのパイプがあります。
このパイプ4.2mの重さは何kgですか。

① 式を書きましょう。　（　　　　　　　）

② 計算のしかたを考えます。□にあてはまる数を書きましょう。

1.86　×　4.2　＝　□

↓×□　↓×□　↓×□　　÷1000

186　×　42　＝7812

答え　□ kg

2　4.32×2.3の計算をします。□にあてはまる数を書きましょう。

4.32　×　2.3　＝　□

↓×□　↓×□　↓×□　　÷□

432　×　23　＝9936

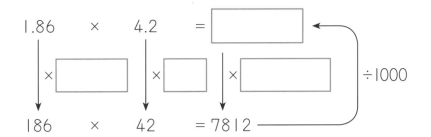

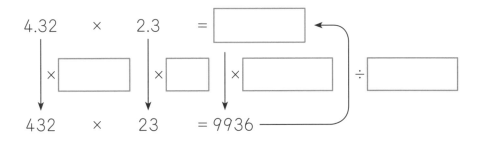

月　　日

4 小数のかけ算

小数のかけ算（4）

名前

1 筆算のしかたを考えます。□ にあてはまる数を書きましょう。

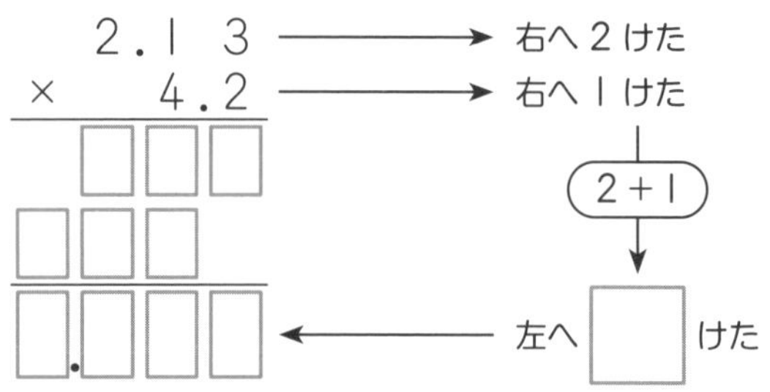

2 答えの見当をつけてから，筆算で計算しましょう。

① 5.48 × 6.2　② 9.76 × 3.4　③ 7.64 × 8.7

④ 3.7 × 4.5　⑤ 24.6 × 8.03　⑥ 4.53 × 2.07

⑦ 94 × 6.4　⑧ 86 × 7.9　⑨ 912 × 3.8

月　　日

4 小数のかけ算

小数のかけ算（5）

名前

1 362 × 73 = 26426 をもとにして，次の積を求めましょう。

① 36.2 × 7.3
=

② 3.62 × 7.3
=

③ 3.62 × 73
=

④ 36.2 × 73
=

2 答えの見当をつけてから，筆算で計算しましょう。

① 2.15 × 3.7　② 1.93 × 8.9　③ 7.23 × 3.5

④ 6.1 × 5.3　⑤ 4.7 × 8.6　⑥ 3.7 × 8.9

⑦ 84 × 2.3　⑧ 93 × 2.7　⑨ 754 × 6.8

月　　日

4 小数のかけ算
小数のかけ算（6）

名前

1 正しい積になるように，積に小数点をうちましょう。

①

$$\begin{array}{r} 2.6 \\ \times\ 3.4 \\ \hline 104 \\ 78 \\ \hline 884 \end{array}$$

②

$$\begin{array}{r} 5.43 \\ \times\ 7.6 \\ \hline 3258 \\ 3801 \\ \hline 41268 \end{array}$$

③

$$\begin{array}{r} 3.94 \\ \times\ 87 \\ \hline 2758 \\ 3152 \\ \hline 34278 \end{array}$$

2 答えの見当をつけてから，筆算で計算しましょう。

① 5.25 × 5.3　② 8.97 × 4.2　③ 2.34 × 3.7

④ 8.1 × 1.4　⑤ 6.9 × 5.4　⑥ 7.3 × 3.9

⑦ 864 × 3.1　⑧ 62.9 × 2.8　⑨ 938 × 4.6

月　　日

4 小数のかけ算
小数のかけ算（7）

名前

トライ

1 積が，46.3 × 2.9 の答えと同じになる式を，㋐～㋒ から選んで，（　　）に記号を書きましょう。

㋐ 46.3 × 29　㋑ 4.63 × 29　㋒ 4.63 × 2.9

（　　　）

2 答えの見当をつけてから，筆算で計算しましょう。

① 6.55 × 9.3　② 1.23 × 9.8　③ 4.24 × 4.6

④ 1.3 × 6.5　⑤ 8.8 × 4.3　⑥ 3.2 × 5.4

⑦ 706 × 8.3　⑧ 804 × 5.9　⑨ 60.4 × 5.1

月　日

4 小数のかけ算

小数のかけ算（8）

名前

1　下の計算をして，右の筆算とどこがちがうか書きましょう。

①

```
   7.6 5
×    2.6
```

②

```
  0.2 4
×   3.1
```

```
    5.4 3
×     7.6
  3 2 5 8
3 8 0 1
4 1.2 6 8
```

2　筆算で計算しましょう。

① 2.34 × 2.5　② 72.5 × 3.2　③ 6.8 × 5.5

④ 0.27 × 1.4　⑤ 0.18 × 4.7　⑥ 0.26 × 2.5

月　日

4 小数のかけ算

小数のかけ算（9）

名前

① 31.5 × 2.6　② 36 × 7.5　③ 12.5 × 4.8

④ 0.48 × 1.2　⑤ 0.12 × 7.3　⑥ 0.28 × 2.5

⑦ 3.52 × 4.7　⑧ 91.3 × 7.8　⑨ 0.98 × 6.5

⑩ 0.23 × 4.5　⑪ 473 × 8.6　⑫ 2.64 × 2.13

月　　日

4 小数のかけ算

小数のかけ算（10）

名前

1　1mの重さが50gのはり金があります。次の長さのときの重さを求めましょう。

㋐　1.2mのとき

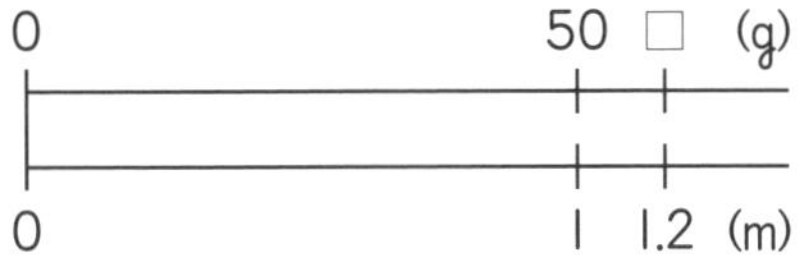

式

答え

㋑　0.8mのとき

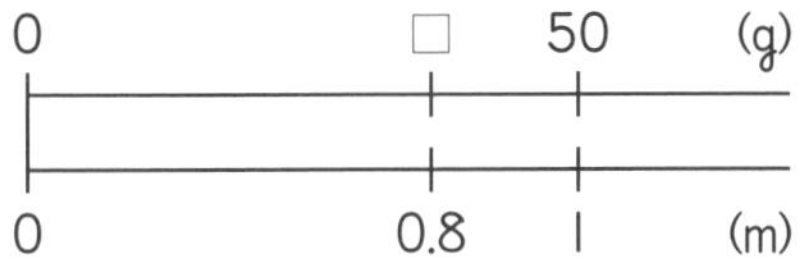

式

答え

1より小さい数をかけると，「積＜かけられる数」となるね。

2　筆算で計算しましょう。

① 7.4 × 0.9　② 34.8 × 0.6　③ 0.8 × 0.7

④ 5.6 × 0.3　⑤ 0.06 × 0.4　⑥ 2.5 × 0.4

月　　日

4 小数のかけ算

小数のかけ算（11）

名前

1　積が，7より小さくなるのはどれですか。（　　）に記号を書きましょう。

㋐ 7 × 0.7　㋑ 7 × 1.3　㋒ 7 × 2.1

㋓ 7 × 0.94　㋔ 7 × 1.08

（　　）（　　）

2　筆算で計算しましょう。

① 7.8 × 0.8　② 21.6 × 0.7　③ 0.7 × 0.9

④ 0.4 × 0.02　⑤ 0.6 × 0.5　⑥ 1.25 × 0.8

⑦ 5.6 × 0.6　⑧ 2.46 × 0.8　⑨ 0.04 × 0.3

月　　日

4 小数のかけ算

小数のかけ算（12）

名前

① 0.8 × 0.5　② 43 × 0.4　③ 4.7 × 0.3

④ 2.9 × 4.3　⑤ 30.6 × 2.7　⑥ 3.82 × 6.5

⑦ 4.13 × 0.9　⑧ 0.75 × 0.08　⑨ 1.37 × 0.06

⑩ 3.4 × 5.8　⑪ 78.6 × 5.3　⑫ 70.9 × 4.6

⑬ 0.42 × 0.75　⑭ 0.13 × 0.53　⑮ 0.78 × 0.25

月　　日

4 小数のかけ算

小数のかけ算（13）

名前

① 16 × 0.7　② 6.3 × 0.6　③ 20 × 0.03

④ 2.6 × 4.5　⑤ 3.02 × 9.5　⑥ 40.4 × 6.9

⑦ 53.5 × 1.7　⑧ 3.19 × 4.8　⑨ 0.73 × 0.87

⑩ 0.35 × 0.8　⑪ 0.52 × 0.05　⑫ 0.75 × 0.4

⑬ 93.7 × 3.12　⑭ 46.7 × 85.3　⑮ 2.98 × 1.87

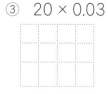

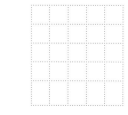

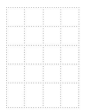

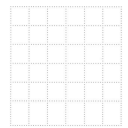

月　　日

4 小数のかけ算

小数のかけ算（14）

名前

□1 下の長方形や正方形の面積は何 cm^2 ですか。

①

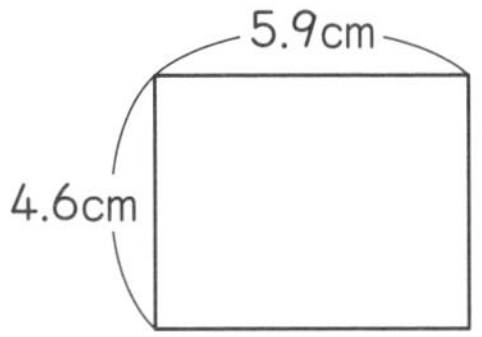

式

答え

②

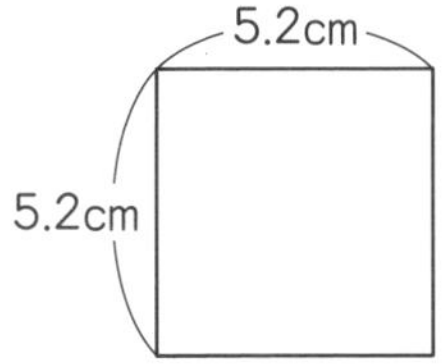

式

答え

□2 右の長方形の面積を求めましょう。

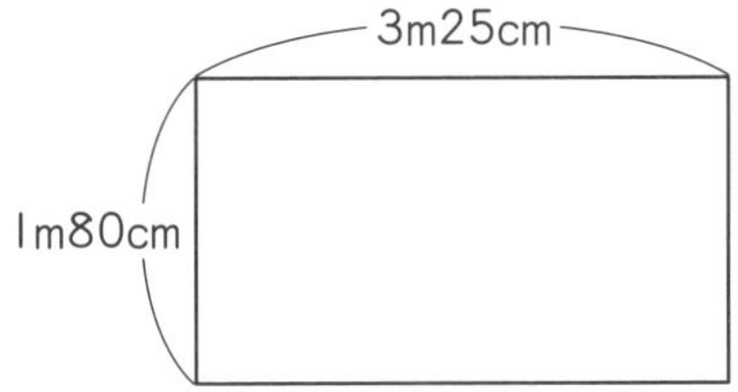

① たて，横の長さを，センチメートル単位で計算して，答えを求めましょう。

式

答え

② たて，横の長さを，メートル単位で計算して，答えを求めましょう。

式

答え

①と②の答えが等しいことを確《たし》かめよう。

月　　日

4 小数のかけ算

小数のかけ算（15）

名前

□1 右の直方体の体積を求めましょう。

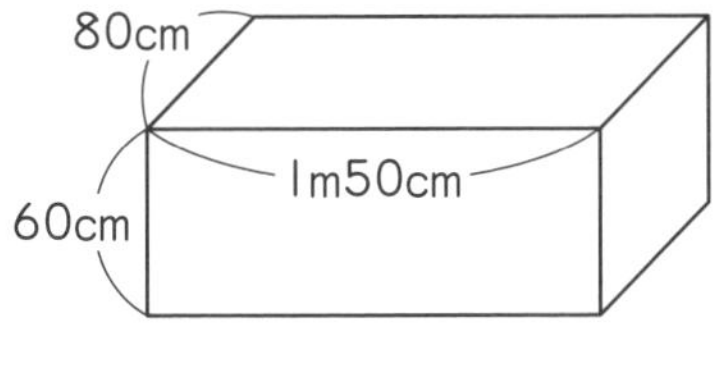

① たて，横の長さを，センチメートル単位で計算して，答えを求めましょう。

式

答え

② たて，横の長さを，メートル単位で計算して，答えを求めましょう。

式

答え

③ ①と②の答えが等しいことを確《たし》かめます。（　　）にあてはまる数を書きましょう。

$1m^3$ =（　　　　　　）cm^3 だから，①の答え

（　　　　　　）cm^3 と②の答え（　　　　）m^3 は等しい。

□2 下の立方体の体積は何 m^3 ですか。

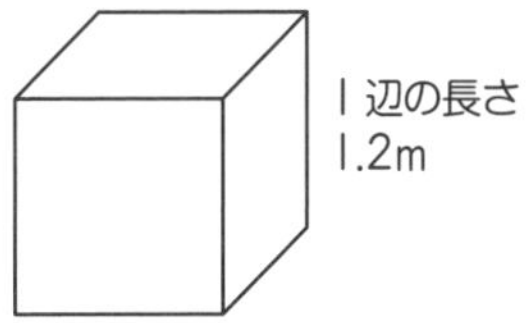

式

答え

月　　日

4 小数のかけ算

小数のかけ算（16）

名前

● 右の長方形の面積を２つの方法で求めましょう。

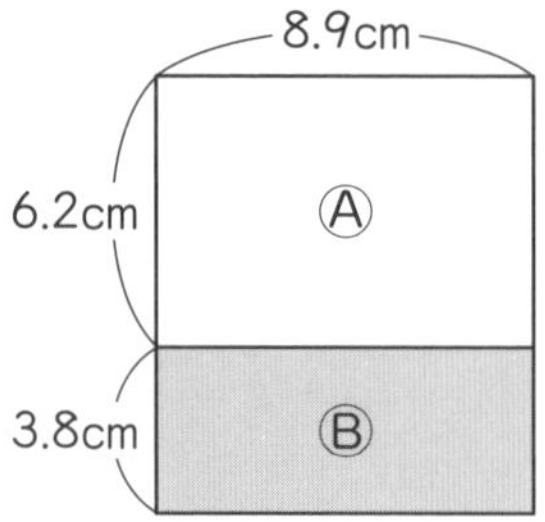

(1) Ⓐと Ⓑの長方形の面積を別々に求めてから合わせます。

① Ⓐの面積を求めましょう。

式

答え ＿＿＿＿＿＿

② Ⓑの面積を求めましょう。

式

答え ＿＿＿＿＿＿

③ Ⓐと Ⓑの長方形の面積を合わせましょう。

式

答え ＿＿＿＿＿＿

(2) Ⓐと Ⓑで１つの長方形として面積を求めます。

① たての長さを合わせると何 cm ですか。

式

答え ＿＿＿＿＿＿

② Ⓐと Ⓑを合わせた長方形の面積を求めましょう。

式

答え ＿＿＿＿＿＿

(3) ①と②から，次の □ にあてはまる数を書きましょう。

6.2 × 8.9 + □ × 8.9 = （6.2 + 3.8） × □

月　　日

4 小数のかけ算

小数のかけ算（17）

名前

● 計算のきまりを使って計算しましょう。□ にあてはまる数を書きましょう。

① 1.2 × 3 = 3 × □ = □

② 7.8 × 4 × 2.5 = 7.8 × □ = □

③ 5.5 × 6.7 + 4.5 × 6.7 = (□ + 4.5) × 6.7
= □ × 6.7 = □

④ 10.8 × 6 = 10 × 6 + □ × 6
= 60 + □ = □

⑤ 9.8 × 7 = 10 × 7 − 0.2 × □
= 70 − □ = □

⑥ 8.6 × 5 = 8 × 5 + □ × 5
= 40 + □ = □

月　　日

4 ふりかえり・たしかめ (1)

小数のかけ算

名前

1　筆算で計算しましょう。

① 7 × 5.6　　② 4.9 × 8.7　　③ 36.9 × 5.6

④ 6.6 × 8.5　　⑤ 7.48 × 7.5　　⑥ 435 × 0.28

2　1mの重さが，3.25kgのパイプがあります。このパイプ2.8mの重さは，何kgですか。

式

答え

3　下の長方形の面積を求めましょう。

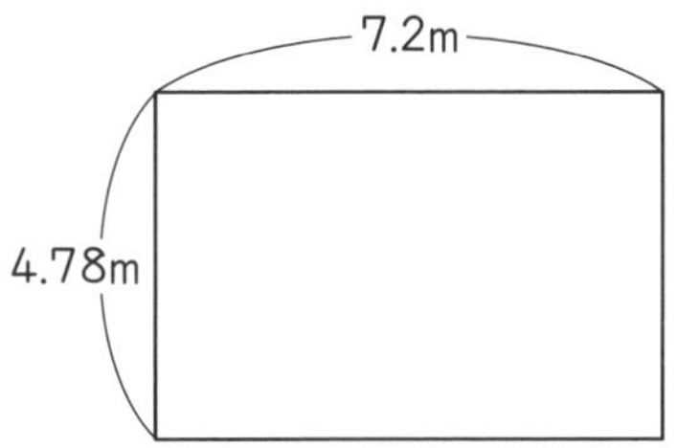

式

答え

月　　日

4 ふりかえり・たしかめ (2)

小数のかけ算

名前

1　筆算で計算しましょう。

① 0.26 × 2.5　　② 0.36 × 2.6　　③ 0.12 × 0.55

④ 5.2 × 5.76　　⑤ 30.2 × 5.23　　⑥ 0.43 × 1.76

2　次の計算で，積がかけられる数より小さくなるのはどれですか。（　）に記号を書きましょう。

㋐ 3.64 × 0.92　　㋑ 7.7 × 1.02　　㋒ 3.04 × 0.8

㋓ 1.09 × 1.79　　㋔ 6.54 × 0.99　　㋕ 0.63 × 1.4

（　　）（　　）（　　）

3　計算のきまりを使って，くふうして計算しましょう。

① 2.5 × 8.27 × 4　　② 8.7 × 6.4 + 1.3 × 6.4

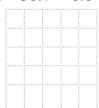

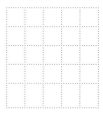

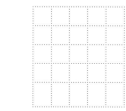

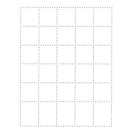

月　　日

4 まとめのテスト
小数のかけ算

名前

【知識・技能】

1 筆算で計算しましょう。(5×6)

① 0.8 × 0.03

② 1.4 × 0.2

③ 6.7 × 4.8

④ 4.94 × 6.7

⑤ 8.6 × 4.5

⑥ 2.75 × 0.14

2 73 × 68 = 4964 をもとにして，次の積を求めましょう。(5×2)

① 7.3 × 6.8 =

② 0.73 × 0.68 =

3 次の計算で，積が，かけられる数の 5.7 より小さくなるのはどれですか。
（　　）に記号を書きましょう。(5×2)

㋐ 5.7 × 0.9　　㋑ 5.7 × 1.5

㋒ 5.7 × 1.08　　㋓ 5.7 × 0.89

（　　）（　　）

【思考・判断・表現】

4 1mのねだんが 150 円のリボンを，2.6m 買います。代金はいくらですか。(5×2)

式

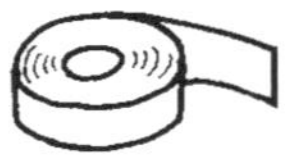

答え

5 1mの重さが 4.05kg のパイプがあります。次の長さのときの重さを求めましょう。(5×4)

① 2.7mのとき

式

答え

② 0.8mのとき

式

答え

6 1L の重さが 0.95kg の油があります。この油 2.4L の重さは何 kg ですか。(5×2)

式

答え

7 たて 4.6m，横 2.9m の長方形の面積を求めましょう。(5×2)

式

答え

5 小数のわり算
小数のわり算（1）

名前

ロープを㋐m買ったら，
代金は480円でした。
このロープ1mのねだんは何円ですか。

(1) ㋐にあてはまる数が次のとき，どんな式になりますか。

① ㋐が2のとき

式

② ㋐が3のとき

式

③ ㋐が2.4のとき

式

(2) 数直線で㋐が2.4のときの答えの求め方を考えます。
（　　）にあてはまる数を書きましょう。

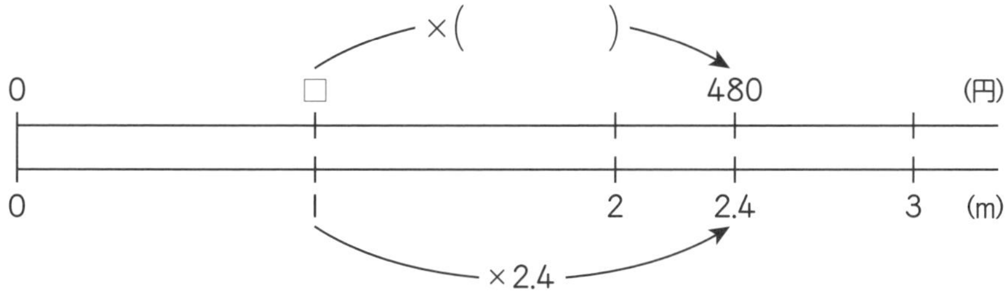

□×（　　　）＝480
□＝480÷（　　　）

(3) 480÷2.4の計算のしかたを考えます。（　　）にあてはまる数を書きましょう。

Aさんの考え方
2.4mは0.1mの24こ分だから，0.1mのねだんを求めて10倍する。

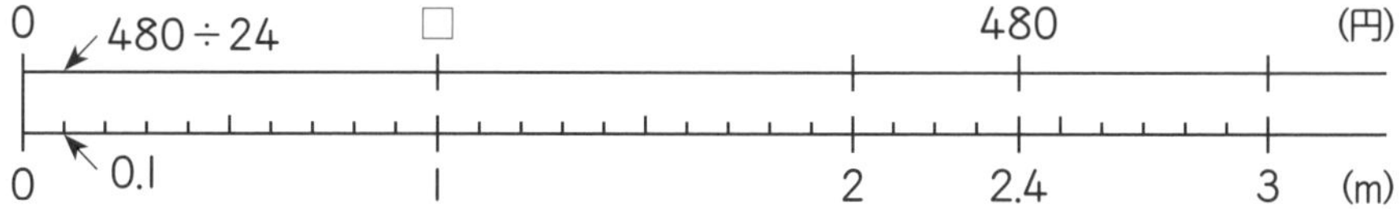

0.1mのねだん　480÷24＝（　　　）
1mのねだん　(480÷24)×（　　　）＝（　　　）

480÷2.4＝480÷24×（　　　）
＝（　　　）

答え　　　　円

Bさんの考え方
ロープの長さも代金も10倍にして1mのねだんを求める。

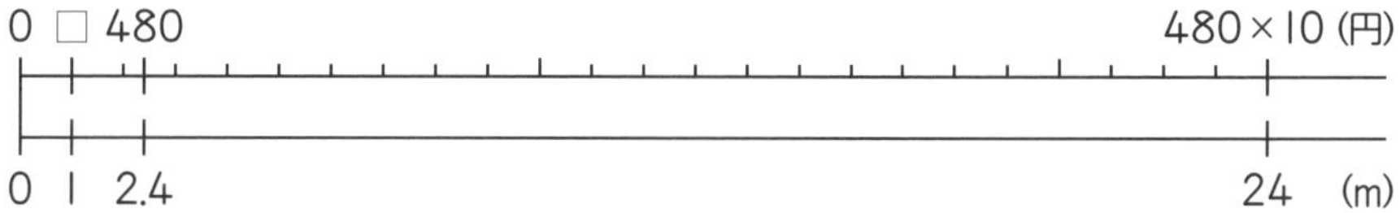

24mのねだん　480×10＝（　　　）
1mのねだん　(480×10)÷24＝（　　　）

480÷2.4＝480×10÷（　　　）
＝（　　　）

答え　　　　円

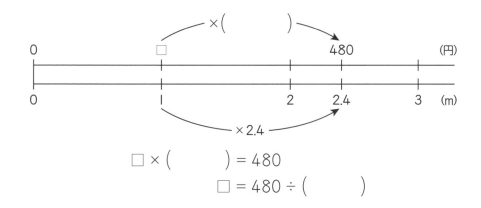

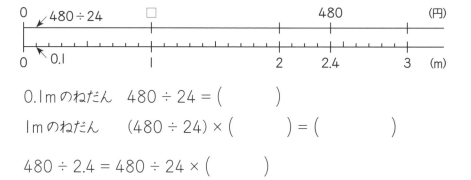

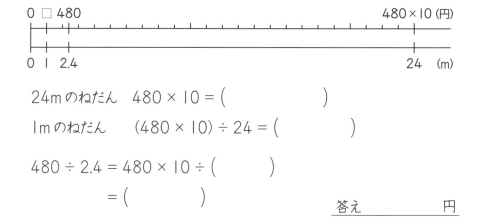

月　　日

5 小数のわり算
小数のわり算（2）

名前

● 1.8m のはり金の重さをはかったら 450g でした。
このはり金 1m の重さは何 g ですか。
㋐と㋑ の方法で求めましょう。

㋐ 0.1m の重さを求めて 10 倍する。

① このはり金 0.1m の重さは何 g ですか。

式

答え

② ① で求めた答えを 10 倍して，1m の重さを求めましょう。

式

答え

㋑ 長さも重さも 10 倍する。

① 18m の重さは何 g ですか。

式

答え

② ① で求めた答えから 1m の重さを求めましょう。

式

答え

月　　日

5 小数のわり算
小数のわり算（3）

名前

1 2.6m のねだんが 910 円のパイプがあります。
このパイプ 1m のねだんは，何円ですか。
長さもねだんも 10 倍する方法で求めましょう。

① 26m のねだんは何円ですか。

式

答え

② ① で求めた答えから 1m のねだんを求めましょう。

式

答え

2 8.5L のガソリンで 119km 走る自動車があります。
1L で何 km 走ったことになりますか。
0.1L で何 km 走るかを求めて
10 倍する方法で求めましょう。

① ガソリン 0.1L では何 km 走りますか。

式

答え

② ① で求めた答えを 10 倍して，1L で何 km 走るか求めましょう。

式

答え

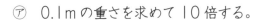

月　　日

5 小数のわり算

小数のわり算（4）

名前

● わる数が整数になるように小数点をうつして，筆算で計算しましょう。

① 6.48 ÷ 1.2

② 7.54 ÷ 1.3

③ 8.68 ÷ 1.4

④ 7.82 ÷ 2.3

⑤ 5.76 ÷ 3.2

⑥ 6.36 ÷ 5.3

⑦ 31.2 ÷ 7.8

⑧ 20.4 ÷ 6.8

⑨ 43.2 ÷ 7.2

⑩ 4.2 ÷ 3.5

⑪ 6.3 ÷ 4.5

⑫ 9.1 ÷ 6.5

月　　日

5 小数のわり算

小数のわり算（5）

名前

1 168 ÷ 48 = 3.5 をもとにして，次の商を求めましょう。

① 16.8 ÷ 4.8 =

② 1.68 ÷ 0.48 =

③ 0.168 ÷ 0.048 =

2 答えの見当をつけてから，筆算で計算しましょう。

① 15.4 ÷ 5.5

② 5.81 ÷ 4.15

③ 7.85 ÷ 3.14

④ 43.4 ÷ 6.2

⑤ 28.8 ÷ 9.6

⑥ 86.4 ÷ 3.2

⑦ 7.28 ÷ 1.4

⑧ 24.6 ÷ 1.23

⑨ 71.2 ÷ 1.78

月　　日

5 小数のわり算

小数のわり算（6）

名前

□1 次の筆算をしましょう。また，右の筆算とのちがいを書きましょう。

① 3.76 ÷ 4.7　② 1.7 ÷ 6.8　③ 6 ÷ 2.5

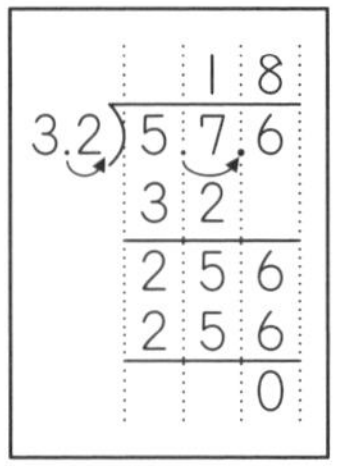

□2 筆算で計算しましょう。

① 5.46 ÷ 7.8　② 5.67 ÷ 6.3　③ 1.68 ÷ 2.8

④ 7.2 ÷ 7.5　⑤ 5.33 ÷ 8.2　⑥ 3.6 ÷ 4.5

⑦ 4 ÷ 3.2　⑧ 84 ÷ 4.8　⑨ 27 ÷ 1.2

月　　日

5 小数のわり算

小数のわり算（7）

名前

① 4.32 ÷ 2.7　② 5.22 ÷ 2.9　③ 5.44 ÷ 1.7

④ 7.42 ÷ 2.8　⑤ 7.8 ÷ 2.4　⑥ 9.9 ÷ 3.6

⑦ 8.28 ÷ 4.5　⑧ 24.8 ÷ 1.6　⑨ 3.9 ÷ 1.2

⑩ 143.4 ÷ 4.78　⑪ 239.2 ÷ 5.2　⑫ 72.8 ÷ 2.6

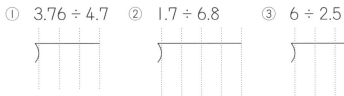

5 小数のわり算
小数のわり算（8）

月　　日

名前

① 81 ÷ 4.5　② 8 ÷ 2.5　③ 4 ÷ 1.6

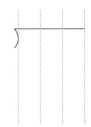

④ 1.4 ÷ 2.5　⑤ 8.4 ÷ 2.4　⑥ 7.2 ÷ 4.5

⑦ 6.48 ÷ 8.1　⑧ 8.82 ÷ 2.1　⑨ 3.12 ÷ 2.4

⑩ 70.4 ÷ 3.2　⑪ 94.5 ÷ 1.5　⑫ 32.4 ÷ 7.2

5 小数のわり算
小数のわり算（9）

月　　日

名前

① 9 ÷ 3.6　② 48 ÷ 3.2　③ 72 ÷ 4.5

④ 9.1 ÷ 6.5　⑤ 61.2 ÷ 1.7　⑥ 97.2 ÷ 3.6

⑦ 832 ÷ 3.2　⑧ 768 ÷ 1.6　⑨ 729 ÷ 8.1

⑩ 2.923 ÷ 3.7　⑪ 3.51 ÷ 4.5　⑫ 1.68 ÷ 3.5

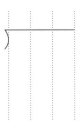

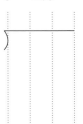

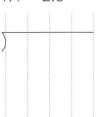

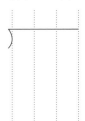

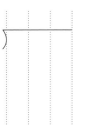

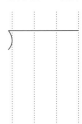

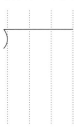

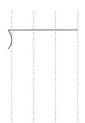

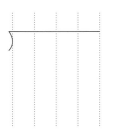

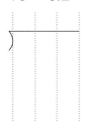

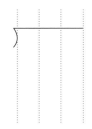

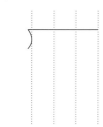

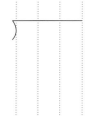

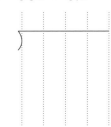

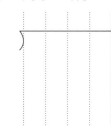

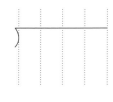

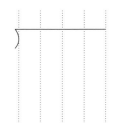

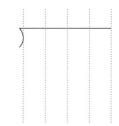

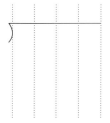

月　　日

5 小数のわり算

小数のわり算（10）

名前

① 58.8 ÷ 1.47

② 2.6 ÷ 5.2

③ 1.7 ÷ 6.8

④ 49.8 ÷ 8.3

⑤ 67.6 ÷ 5.2

⑥ 232.2 ÷ 3.87

⑦ 61.2 ÷ 1.8

⑧ 98.9 ÷ 8.6

⑨ 88.2 ÷ 4.5

⑩ 43.4 ÷ 3.5

⑪ 2.17 ÷ 3.5

⑫ 2.16 ÷ 4.8

月　　日

5 小数のわり算

小数のわり算（11）

名前

1 ロープ１ｍのねだんを，それぞれ求めましょう。

① 1.2ｍで300円

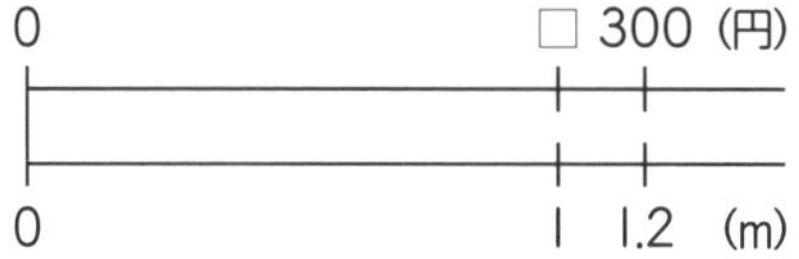

式

答え

② 0.8ｍで300円

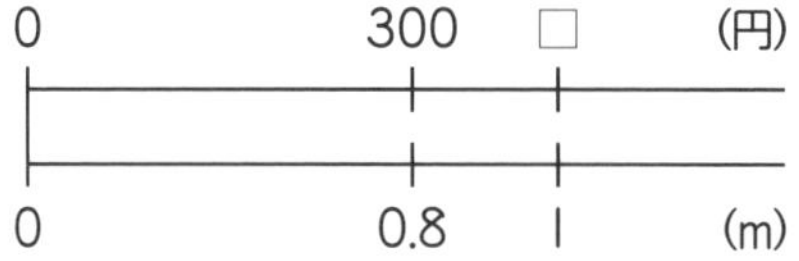

式

答え

１より小さい数でわると，「商＞わられる数」となるよ。

2 商が，15より大きくなるのはどれですか。（　　）に記号を書きましょう。

㋐ 15 ÷ 1.2　　㋑ 15 ÷ 0.8　　㋒ 15 ÷ 2.01

㋓ 15 ÷ 0.95　　㋔ 15 ÷ 1.02

（　　　）（　　　）

月　日

5 小数のわり算

小数のわり算（12）

名前

① 13.8 ÷ 0.6　② 7.8 ÷ 0.3　③ 0.126 ÷ 0.6　④ 5.1 ÷ 0.6

⑤ 7.8 ÷ 0.4　⑥ 8.1 ÷ 4.5　⑦ 9.8 ÷ 0.8　⑧ 9.9 ÷ 0.4

⑨ 0.37 ÷ 0.4　⑩ 8 ÷ 2.5　⑪ 9 ÷ 1.8　⑫ 1 ÷ 0.8

月　日

5 小数のわり算

小数のわり算（13）

名前

1 □の中に不等号を書きましょう。

① 9 □ 9 ÷ 2.3　② 9 □ 9 ÷ 0.9

③ 9 □ 9 ÷ 0.87　④ 9 □ 9 ÷ 1.02

2 筆算で計算しましょう。

① 5.04 ÷ 0.6　② 3.43 ÷ 0.7　③ 3.51 ÷ 0.6

④ 4.51 ÷ 0.55　⑤ 7 ÷ 0.28　⑥ 2.1 ÷ 0.28

⑦ 16 ÷ 0.5　⑧ 3 ÷ 0.4　⑨ 84 ÷ 0.7

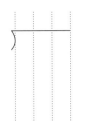

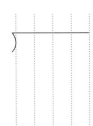

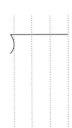

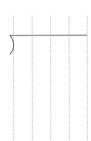

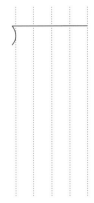

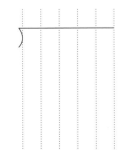

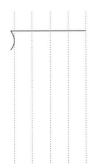

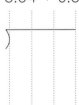

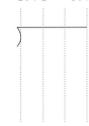

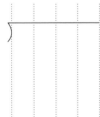

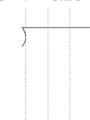

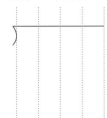

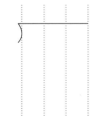

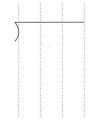

月　　日

5 小数のわり算

小数のわり算（14）

名前

1　2.8m のテープを，0.8m ずつに切ります。
0.8m のロープは何本できて，何 m あまりますか。

① 式を書きましょう。　（　　　　　　　　　）

② 筆算をしましょう。

0.8）2.8

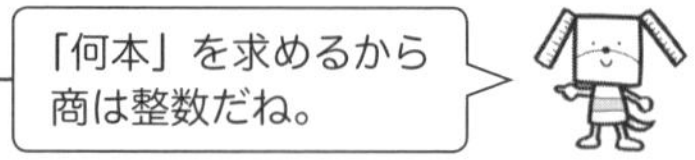

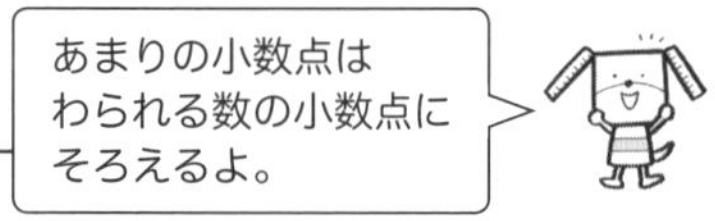

③ 検算《けんざん》をして，答えを確《たし》かめましょう。

0.8 × （　　　）＋（　　　）＝（　　　）

④ 答えを書きましょう。

2　商は一の位まで求めて，あまりも出しましょう。

① 9.6 ÷ 4.2　② 24.6 ÷ 5.4　③ 490 ÷ 6.4

月　　日

5 小数のわり算

小数のわり算（15）

名前

1　お茶が 4.3L あります。0.8L ずつペットボトルに入れます。0.8L のお茶が入ったペットボトルは何本できて，何 L あまりますか。
また検算《けんざん》で，答えを確《たし》かめましょう。

式

答え

検算（　　　　　　　　　）

2　商は一の位まで求めて，あまりも出しましょう。

① 14.5 ÷ 2.4　② 8.5 ÷ 2.6　③ 9.6 ÷ 4.9

④ 6.8 ÷ 1.3　⑤ 25.3 ÷ 9.6　⑥ 60.2 ÷ 4.5

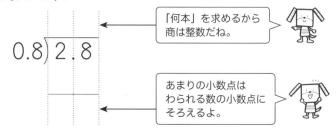

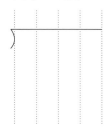

月　日

5 小数のわり算
小数のわり算（16）

名前

1　1.3m のパイプの重さをはかったら，5.3kg ありました。
このパイプ 1m の重さは何 kg ですか。
商は四《し》捨《しゃ》五《ご》入《にゅう》して，上から 2 けたのがい数で求めましょう。

筆算

式

答え

2　商は四捨五入して，上から 2 けたのがい数で求めましょう。

① 3.5 ÷ 1.2　② 9.97 ÷ 3.3　③ 0.76 ÷ 0.6

約

④ 5.8 ÷ 2.7　⑤ 8.04 ÷ 5.1　⑥ 0.49 ÷ 0.3

月　日

5 小数のわり算
小数のわり算（17）

名前

1　2.6L のねん土の重さをはかったら，4.2kg ありました。
このねん土 1L の重さは何 kg ですか。
商は四《し》捨《しゃ》五《ご》入《にゅう》して，上から 2 けたのがい数で求めましょう。

筆算

式

答え

2　2.1m^2 の重さが 10.4kg の金ぞくの板があります。
この板 1m^2 の重さは何 kg ですか。
商は四捨五入して，上から 2 けたのがい数で求めましょう。

筆算

式

答え

3　1.8m^2 の花だんに，4.7L の水をまきました。1m^2 あたり何 L の水をまいたことになりますか。
商は四捨五入して，上から 2 けたのがい数で求めましょう。

筆算

式

答え

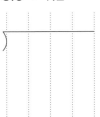

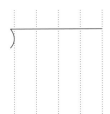

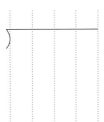

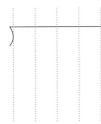

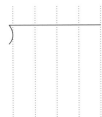

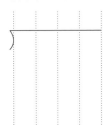

月　　日

5 小数のわり算

小数のわり算（18）

名前

① 2.72 ÷ 1.6　② 4.56 ÷ 1.9　③ 10.26 ÷ 2.7

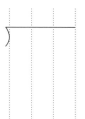

④ 53.9 ÷ 7.7　⑤ 2.96 ÷ 7.4　⑥ 40.8 ÷ 6.8

⑦ 3.1 ÷ 2.5　⑧ 7.38 ÷ 4.5　⑨ 3 ÷ 2.4

⑩ 58.4 ÷ 0.8　⑪ 3 ÷ 0.4　⑫ 7 ÷ 0.5

月　　日

5 小数のわり算

小数のわり算（19）

名前

1 商は一の位まで求めて，あまりも出しましょう。

① 6.1 ÷ 0.7　② 13.2 ÷ 2.7　③ 7.8 ÷ 3.3

あまり

④ 3.7 ÷ 0.3　⑤ 9.4 ÷ 0.7　⑥ 61.2 ÷ 1.3

2 商は四《し》捨《しゃ》五《ご》入《にゅう》して，上から 2 けたのがい数で求めましょう。

① 6.5 ÷ 0.3　② 86.8 ÷ 9.2　③ 3.61 ÷ 5.4

約

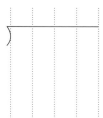

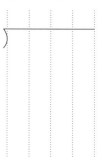

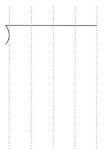

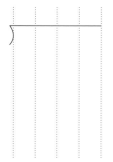

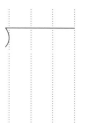

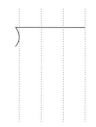

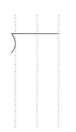

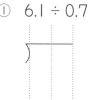

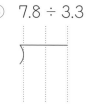

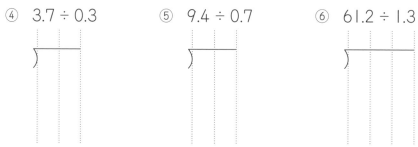

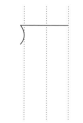

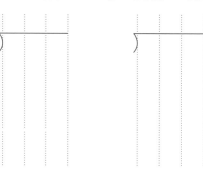

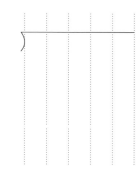

月　　日

5 ふりかえり・たしかめ (1)

小数のわり算

名前

1 わりきれるまで計算しましょう。

① $55.9 \div 8.6$　　② $45.6 \div 3.8$　　③ $5.32 \div 7.6$

④ $6.15 \div 8.2$　　⑤ $2.38 \div 2.8$　　⑥ $34.2 \div 1.9$

2 下の式の□に，㋐～㋓の数をあてはめます。商が最も大きくなるものと最も小さくなるものは，それぞれどれですか。（　）に記号を書きましょう。

3.8 ÷ □

㋐ 0.8　　㋑ 0.02

㋒ 1.2　　㋓ 3.2

最も大きくなるもの（　　）

最も小さくなるもの（　　）

3 商は四《し》捨《しゃ》五《ご》入《にゅう》して，上から２けたのがい数で求めましょう。

① $7.7 \div 3.2$　　② $5.73 \div 3.9$

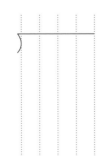

約＿＿＿＿　　＿＿＿＿

月　　日

5 ふりかえり・たしかめ (2)

小数のわり算

名前

1 わりきれるまで計算しましょう。

① $7 \div 2.5$　　② $63 \div 8.4$　　③ $1.36 \div 0.8$

④ $7.5 \div 0.6$　　⑤ $1.78 \div 0.8$　　⑥ $9 \div 3.6$

2 2.4mの重さが0.6kgのロープがあります。

① このロープ1mの重さは何kgですか。

式

答え＿＿＿＿

② このロープ1kgの長さは何mですか。

式

答え＿＿＿＿

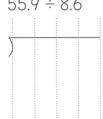

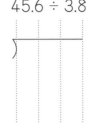

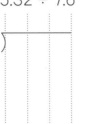

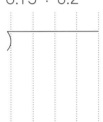

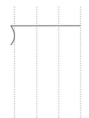

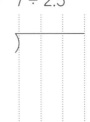

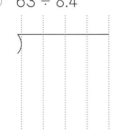

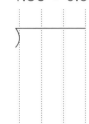

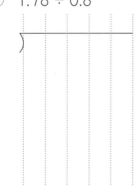

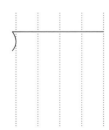

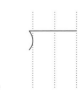

月　日

5 まとめのテスト
小数のわり算

名前

【知識・技能】

1 わりきれるまで計算しましょう。(5 × 6)

① 20.4 ÷ 2.4　② 19.2 ÷ 3.2

③ 4.06 ÷ 5.8　④ 6.46 ÷ 7.6

⑤ 4 ÷ 2.5　⑥ 14 ÷ 0.8

2 商が，12 より大きくなる式を選んで，(　)に記号を書きましょう。(5 × 2)

㋐ 12 ÷ 0.9

㋑ 12 ÷ 1.2

㋒ 12 ÷ 1.03

㋓ 12 ÷ 0.84　(　　)(　　)

3 商が，27.3 ÷ 3.5 と等しくなる式を選んで，(　)に記号を書きましょう。(5 × 2)

㋐ 273 ÷ 35

㋑ 2.73 ÷ 3.5

㋒ 2.73 ÷ 0.35

㋓ 0.273 ÷ 0.35　(　　)(　　)

【思考・判断・表現】

4 3.6m の重さが 6.48kg のパイプがあります。このパイプ 1m の重さは何 kg ですか。(5 × 2)

式

答え

5 $0.6m^2$ で 2.4kg の鉄板があります。(5 × 4)

① この鉄板 $1m^2$ の重さは何 kg ですか。

式

答え

② この鉄板 1kg は何 m^2 ですか。

式

答え

6 テープが 12.6m あります。1.5m ずつに切ります。1.5m のテープは何本できて，何 m あまりますか。(5 × 2)

式

答え

7 4.5L で，7.8kg のねん土があります。このねん土 1L の重さは何 kg ですか。
四《し》捨《しゃ》五《ご》入《にゅう》して，上から 2 けたのがい数で求めましょう。(5 × 2)

式

答え

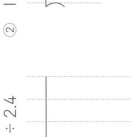

月　　日

小数の倍

小数の倍（1）

名前

1 赤のリボンは 8m，青のリボンは 10m です。

① 青のリボンの長さは，赤のリボンの長さの何倍ですか。

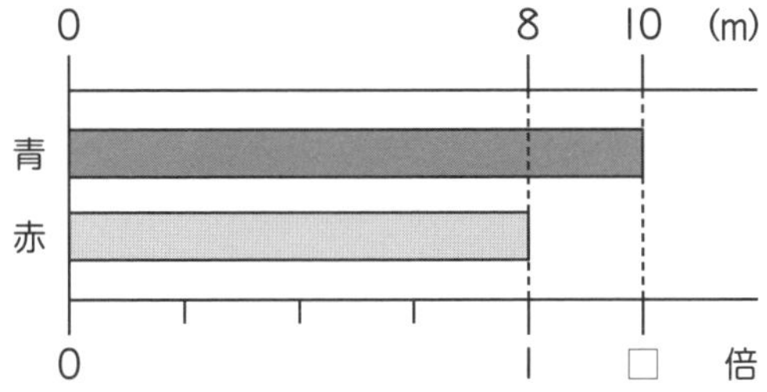

式

答え

② 赤のリボンの長さは，青のリボンの長さの何倍ですか。

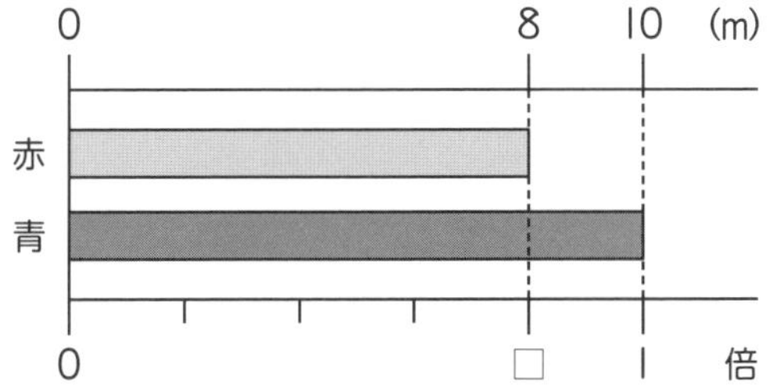

式

答え

2 □にあてはまる数を求めましょう。

① 12m は，5m の□倍です。

式

答え

② 4m をもとにすると，3m は□倍です。

式

答え

月　　日

小数の倍

小数の倍（2）

名前

1 右の表のような長さのリボンがあります。

リボンの長さ

	長さ (m)
A	4
B	5

① Aのリボンの長さをもとにすると，Bのリボンの長さは何倍ですか。

式

答え

② Bのリボンの長さをもとにすると，Aのリボンの長さは何倍ですか。

式

答え

2 右の表のような重さのねん土があります。

ねん土の重さ

	重さ (kg)
A	8
B	20

① Aのねん土の重さをもとにすると，Bのねん土の重さは何倍ですか。

式

答え

② Bのねん土の重さをもとにすると，Aのねん土の重さは何倍ですか。

式

答え

月　　日

小数の倍

小数の倍 (3)

名前

1　Aさんと Bさんの家から学校までの道のりは，右の表の通りです。

家から学校までの道のり

	道のり (km)
Aさん	1.5
Bさん	1.2

① Aさんの道のりをもとにすると，Bさんの道のりは何倍ですか。

式

答え

② Bさんの道のりをもとにすると，Aさんの道のりは何倍ですか。

式

答え

2　A，Bの 2 つの容器《ようき》に入っている水のかさは，右の表の通りです。

入っている水のかさ

	水のかさ (L)
A	0.6
B	1.5

① Aのかさをもとにすると，Bのかさは何倍ですか。

式

答え

② Bのかさをもとにすると，Aのかさは何倍ですか。

式

答え

月　　日

小数の倍

小数の倍 (4)

名前

1　金色，銀色，銅色《どういろ》の 3 本のテープがあります。
金色のテープの長さは，3m です。

① 金色のテープをもとにすると，銀色のテープは 2.5 倍にあたります。銀色のテープの長さは何 m ですか。

式

答え

② 金色のテープをもとにすると，銅色のテープは 0.6 倍にあたります。銅色のテープの長さは何 m ですか。

式

答え

2　遠足に行きます。5 年生が歩く道のりは 4.5km です。

① 6 年生が歩く道のりは，5 年生の道のりの 1.2 倍です。6 年生が歩く道のりは，何 km ですか。

式

答え

② 1 年生が歩く道のりは，5 年生の道のりの 0.4 倍です。1 年生が歩く道のりは，何 km ですか。

式

答え

月　　日

小数の倍

小数の倍（5）

名前

1　コップと水とうにお茶が入っています。
コップに入っているお茶は 0.25L です。
水とうには，コップの 3.8 倍のお茶が入っています。
水とうに入っているお茶は何 L ですか。

式

答え

2　A小学校の人数は 130 人です。B小学校の人数はA小学校の 0.8 倍です。B小学校の人数は何人ですか。

式

答え

3　□ にあてはまる数を求めましょう。

① 4.5m の 1.2 倍は □ m です。

② 12kg の 0.7 倍は □ kg です。

③ 1500 円の 0.3 倍は □ 円です。

月　　日

小数の倍

小数の倍（6）

名前

1　ひまわりの高さが 24cm になっていました。
これは，昨日の 1.2 倍です。
昨日のひまわりの高さは何 cm でしたか。

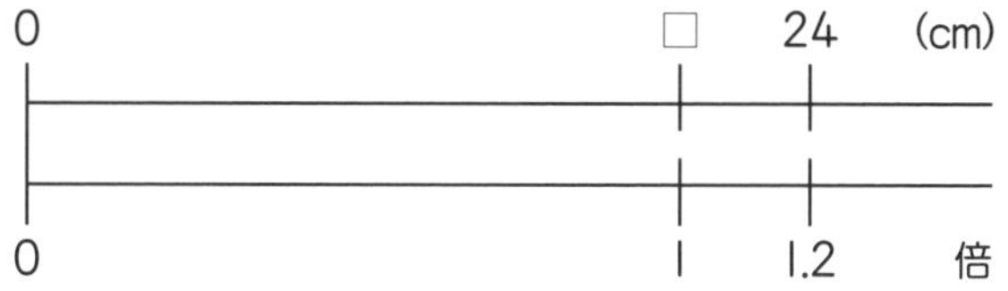

式

答え

2　お兄さんの体重は 60kg です。これは，お姉さんの体重の 1.5 倍にあたります。お姉さんの体重は何 kg ですか。

式

答え

3　Aのテープは 4.2m です。これは，Bのテープの 0.8 倍にあたります。Bのテープの長さは何 m ですか。

式

答え

月　日

小数の倍

小数の倍（7）

名前

1　Aの荷物の重さは 12.4kg です。
これは，Bの荷物の重さの 0.8 倍です。
Bの荷物は何 kg ですか。

式

答え

2　家から駅までの道のりは 1.5km です。
これは，家から学校までの道のりの 1.2 倍です。
家から学校までの道のりは何 km ですか。

式

答え

3　□ にあてはまる数を求めましょう。

① 150 人は □ 人の 0.75 倍です。

② 180 円は □ 円の 0.3 倍です。

③ □ L をもとにすると，5.4L は 1.8 倍です。

月　日

小数の倍

小数の倍（8）

名前

1　あるお店で，お弁当《べんとう》とサンドイッチの安売りをしています。
より安くなっているのは，どちらですか。

〈もとのねだん〉
450 円
〈ねびき後〉
360 円

〈もとのねだん〉
320 円
〈ねびき後〉
240 円

① ねびき後のねだんは，もとのねだんの何倍になっていますか。

お弁当

式

答え

サンドイッチ

式

答え

② 倍で比《くら》べると，どちらの方が
より安くなっていますか。　（　　　　　　）

2　ひまわりの芽が出ました。右の表は，
AとBのひまわりの昨日と今日の芽の高さ
を調べた結果です。倍を使って比べると，
どちらの方がよくのびたといえますか。

ひまわりの芽の高さ（cm）

	昨日	今日
A	5	7
B	3	4.8

式

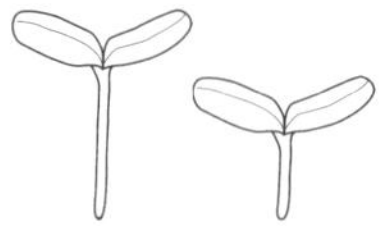

答え

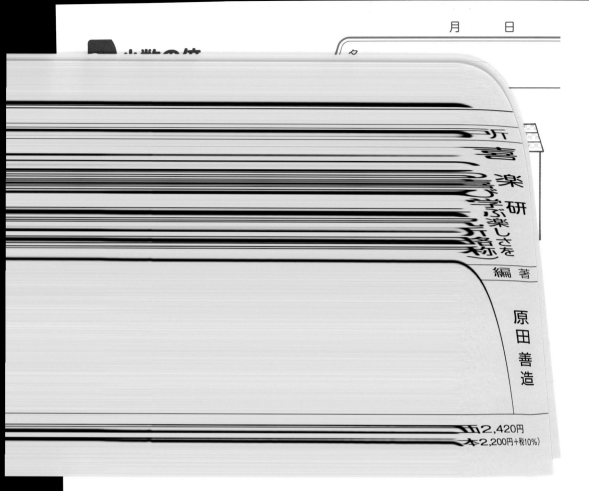

月　　日

③ 兄は 3km，弟は 1.2km 走りました。

① 兄の走ったきょりは，弟の走ったきょりの何倍ですか。

式

答え

② 弟の走ったきょりは，兄の走ったきょりの何倍ですか。

式

答え

月　　日

小数の倍

どんな計算になるのかな？（2）

名前

① ハチミツ 1.2kg を 3720 円で買いました。
このハチミツ 1kg のねだんは何円ですか。

式

答え

② 1m が 2.4kg のパイプがあります。
このパイプ 0.7m の重さは何 kg ですか。

式

答え

③ 12.5L のガソリンで 325km 走る自動車があります。
ガソリン 1L あたり，何 km 走ったことになりますか。

式

答え

月　　日

ふりかえり・たしかめ (1)
小数の倍

名前

1　赤のテープは 4m，白のテープは 5m です。

①　白のテープの長さは，赤のテープの長さの何倍ですか。

式

答え

②　赤のテープの長さは，白のテープの長さの何倍ですか。

式

答え

2　Aのやかんには，水が 2L 入っています。
Bのやかんには，Aのやかんの 2.4 倍の量の水が入っています。Bのやかんの水は何 L ですか。

式

答え

3　赤ちゃんの体重が，生まれたときの 2.5 倍の 9kg になりました。
生まれたときの体重は何 kg でしたか。

式

答え

月　　日

ふりかえり・たしかめ (2)
小数の倍

名前

1　青のテープは 6m，白のテープは 4.8m です。

①　白のテープの長さは，青のテープの長さの何倍ですか。

式

答え

②　青のテープの長さは，白のテープの長さの何倍ですか。

式

答え

2　ジュースを飲んだら，残りが 3.6dL になりました。
これは，もとあった量の 0.8 倍です。
もとあったジュースは何 dL でしたか。

式

答え

3　Aさんのロープの長さは 3.5m です。
Bさんのロープの長さは，Aさんのロープの長さの 0.7 倍です。
Bさんのロープの長さは何 m ですか。

式

答え

まとめのテスト
小数の倍

月　　日

名前

【知識・技能】

1 □ にあてはまる数を求めましょう。(5 × 10)

① 30mは，12mの □ 倍です。

式

答え

② 6kgは 8kgの □ 倍です。

式

答え

③ 5.6Lは，□ Lの 0.7 倍です。

式

答え

④ □ kmの 0.6 倍は 5.52kmです。

式

答え

⑤ 6mの 0.3 倍は □ mです。

式

答え

【思考・判断・表現】

2 下の表は，家で飼《か》っている犬とねこの体重を表しています。(5 × 4)

家の犬とねこの体重

	体重 (kg)
犬	15.5
ねこ	6.2

① 犬の体重は，ねこの体重の何倍ですか。

式

答え

② ねこの体重は，犬の体重の何倍ですか。

式

答え

3 Aの洋服のねだんは，Bの洋服のねだんの1.2 倍で 9000 円です。
Bの洋服のねだんは何円ですか。(5 × 2)

式

答え

4 下の表は，Aさんと Bさんの縄とび（二重とび）の練習の成果を表したものです。
倍を使って比《くら》べると，どちらの方が練習の成果が出ていますか。(10 × 2)

連続二重とびができた回数（回）

	先週	今週
Aさん	25	40
Bさん	12	18

式

月　日

6 合同な図形
合同な図形（1）

名前

● 下の ㋐，㋑，㋒ はぴったり重なる図形です。

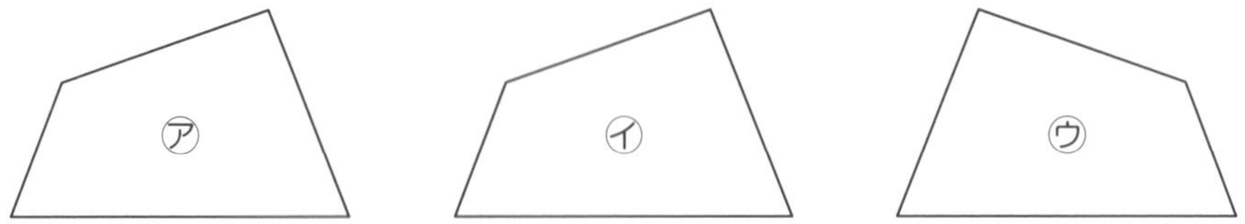

次の（　）にあてはまることばを書きましょう。

① ㋐ と ㋑ のように，ぴったり重ね合わせることのできる
2つの図形を（　　　　）であるといいます。

② ㋒ も，うら返すと ㋐ にぴったり重なる図形なので，
（　　　　）です。

③ 合同な図形で，ぴったり重なる辺を（　　　　）する辺，
ぴったり重なる角を（　　　　）する角，
ぴったり重なる頂点《ちょうてん》を（　　　　）する頂点といいます。

④ 合同な図形では，対応《たいおう》する（　　　　）の長さは等しく，
対応する（　　　　）の大きさも等しいです。

月　日

6 合同な図形
合同な図形（2）

名前

● 下の ㋐ と ㋑ の四角形は，合同です。対応《たいおう》する辺，角，頂点《ちょうてん》について答えましょう。

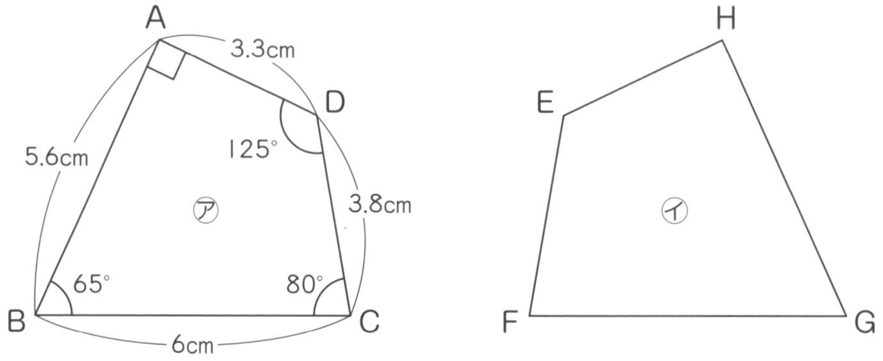

(1) 次の辺，角，頂点に対応する辺，角，頂点を書きましょう。

① 辺ＡＢ　辺（　　　　）　② 辺ＣＤ　辺（　　　　）

③ 角Ａ　角（　　　　）　④ 角Ｃ　角（　　　　）

⑤ 頂点Ｂ　頂点（　　　　）　⑥ 頂点Ｄ　頂点（　　　　）

(2) 次の辺の長さや角の大きさを書きましょう。

① 辺ＥＦ（　　　　）　② 辺ＨＧ（　　　　）

③ 角Ｆ（　　　　）　④ 角Ｈ（　　　　）

月　　日

6 合同な図形
合同な図形 (3)

名前

1　㋐ と ㋑ の三角形は合同です。

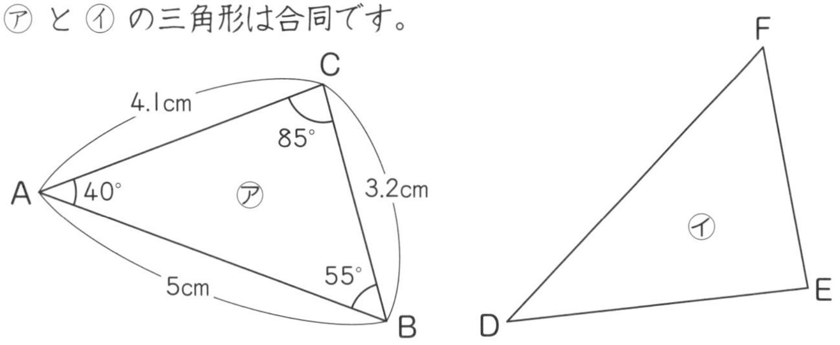

(1)　次の辺や角に対応《たいおう》する辺や角を書きましょう。

①　辺AB　　辺（　　　）　　②　角C　　角（　　　）

(2)　次の辺の長さは何cmですか。

①　辺EF　（　　　）　　②　辺DE　（　　　）

(3)　次の角の大きさは何度ですか。

①　角D　（　　　）　　②　角F　（　　　）

2　㋒ と ㋓ の四角形は合同です。次の辺の長さや角の大きさを求めましょう。

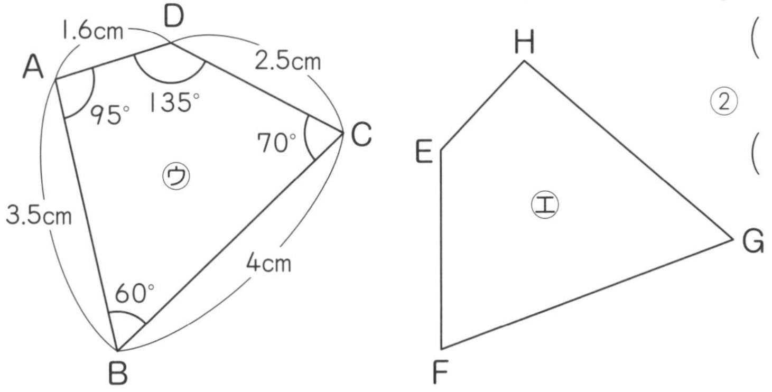

①　辺EF

（　　　）

②　角G

（　　　）

月　　日

6 合同な図形
合同な図形 (4)

名前

1　1本の対角線をひいてできる2つの三角形が，合同になる四角形の名前を（　）に書きましょう。

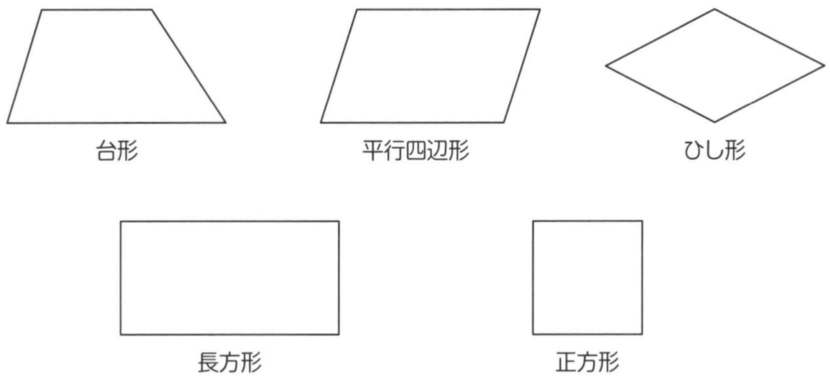

（　　　　　　　　　　）

2　2本の対角線をひいてできる，4つの三角形は合同でしょうか。下の（　）にあてはまる四角形の名前を書きましょう。

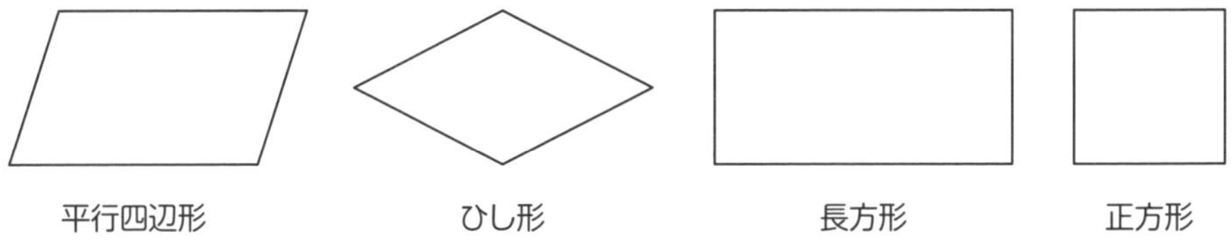

ア　合同な三角形が2組できる。

（　　　　　　　　　　）

イ　4つの合同な三角形ができる。

（　　　　　　　　　　）

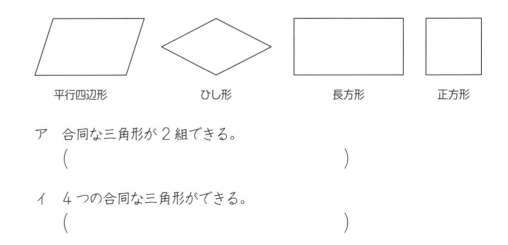

月　日

6 合同な図形

合同な図形（5）

名前

● 次の三角形と合同な三角形を書きましょう。

【3つの辺の長さを使って書きましょう。】

①

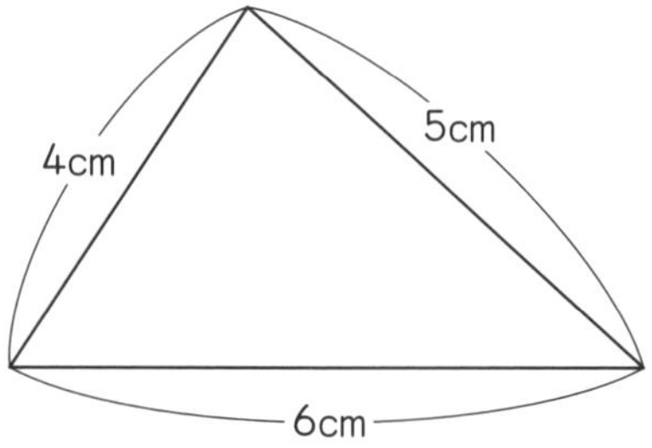

②

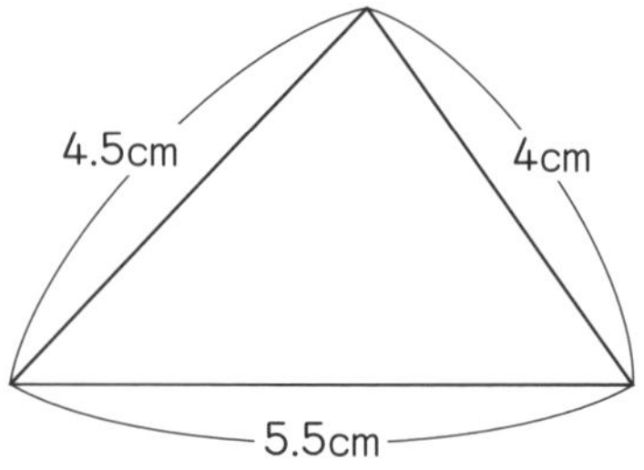

③

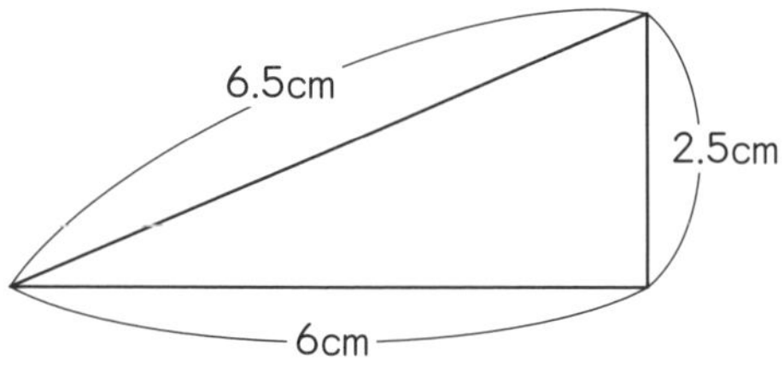

月　日

6 合同な図形

合同な図形（6）

名前

● 次の三角形と合同な三角形を書きましょう。

【1つの辺の長さとその両はしの2つの角の大きさを使って書きましょう。】

①

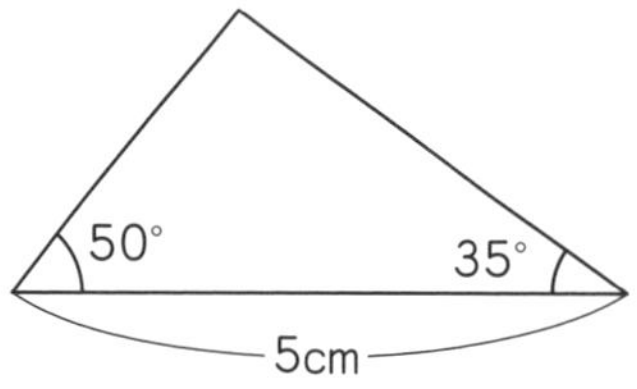

②

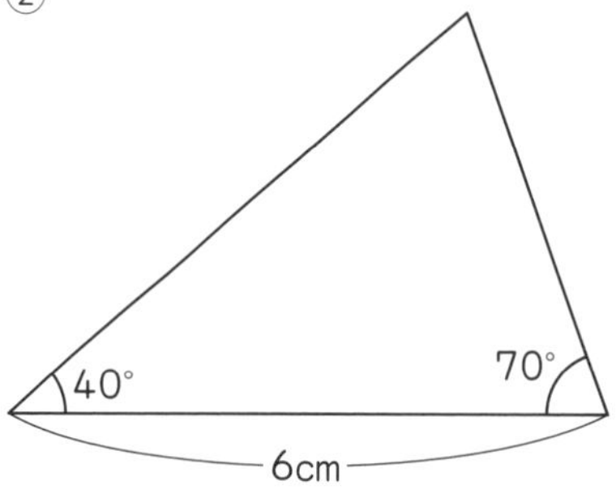

③

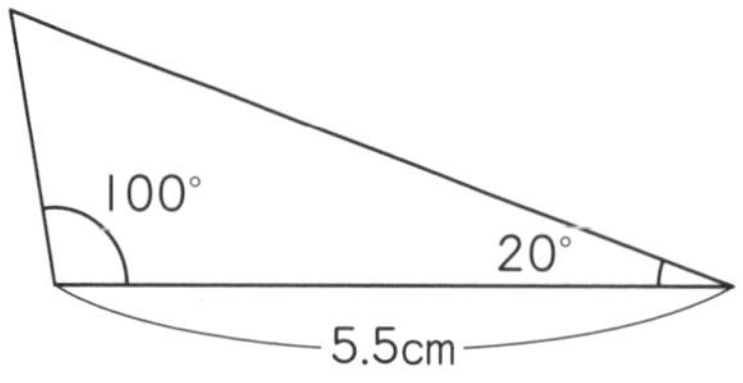

月　　日

6 合同な図形

合同な図形（7）

名前

● 次の三角形と合同な三角形を書きましょう。

【2つの辺の長さとその間の角の大きさを使って書きましょう。】

①

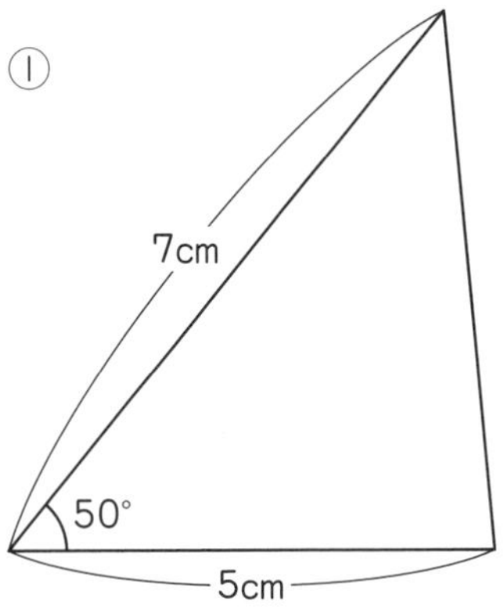

②

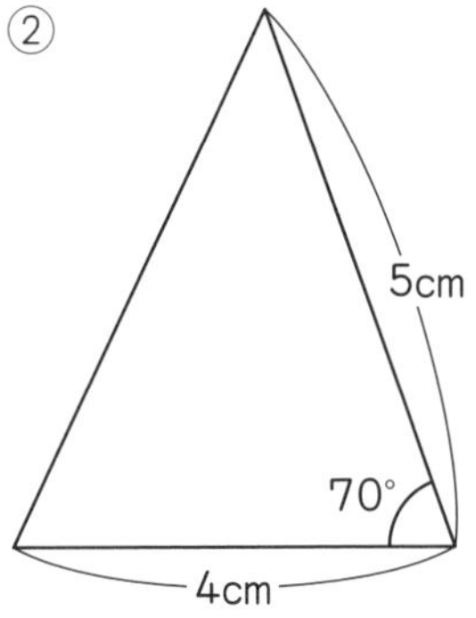

③

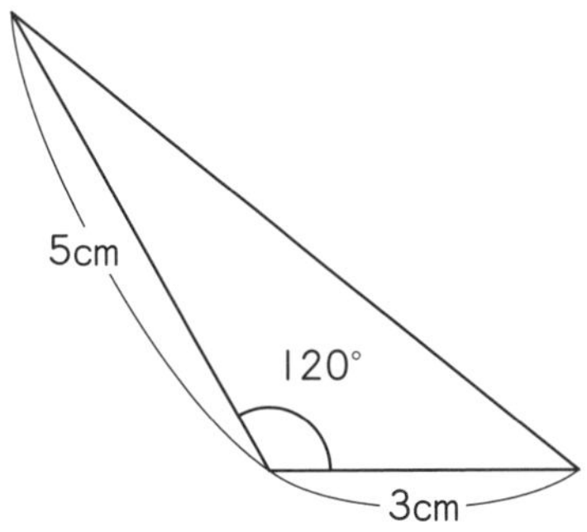

月　　日

6 合同な図形

合同な図形（8）

名前

● 次の三角形と合同な三角形を書きましょう。

【必要な辺の長さや角の大きさをはかって書きましょう。】

①

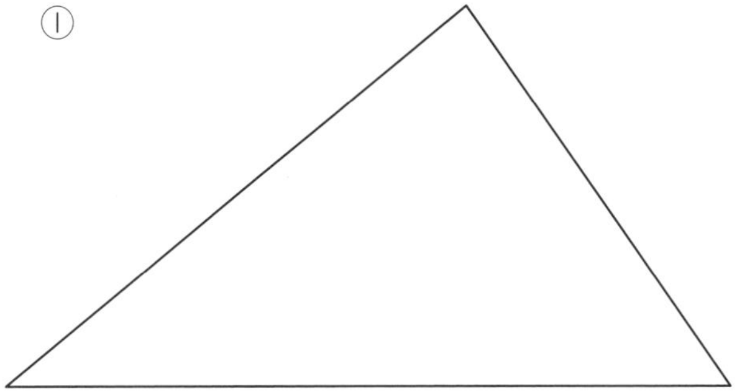

②

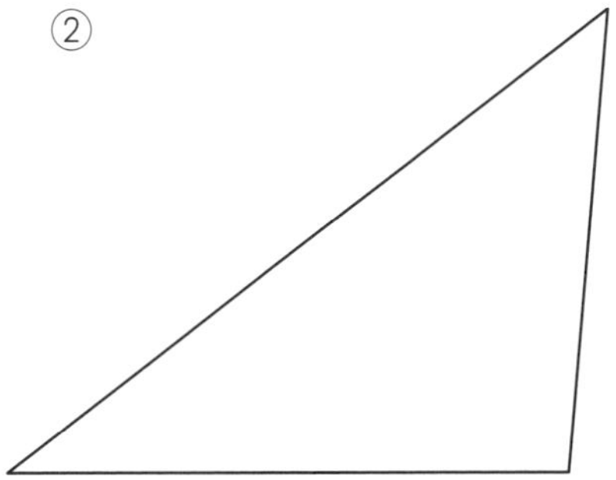

月　　日

6 合同な図形

合同な図形 (9)

名前

● 次の三角形を書きましょう。

① 1つの辺の長さが5cmで，その両はしの角の大きさが70°と30°の三角形

② 2つの辺の長さが6cmと3cmで，その間の角の大きさが110°の三角形

③ 3つの辺の長さが6cm，4.5cm，3.5cmの三角形

月　　日

6 合同な図形

合同な図形 (10)

名前

● 次の三角形を書きましょう。

① 1辺の長さが5cmの正三角形

② 3つの辺の長さが6cm，4cm，4cmの二等辺三角形

③ 1つの辺の長さが5cmで，その両はしの角の大きさがどちらも40°の二等辺三角形

月　　日

6 合同な図形
合同な図形（11）

名前

● 合同な三角形のかき方を使って，次の四角形と合同な四角形を書きましょう。

① 平行四辺形

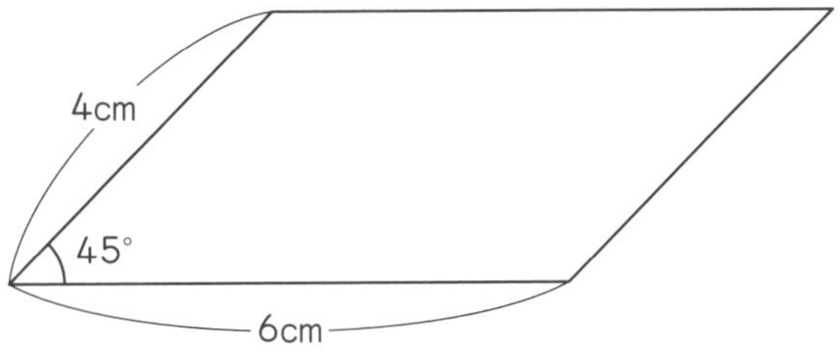

② ひし形

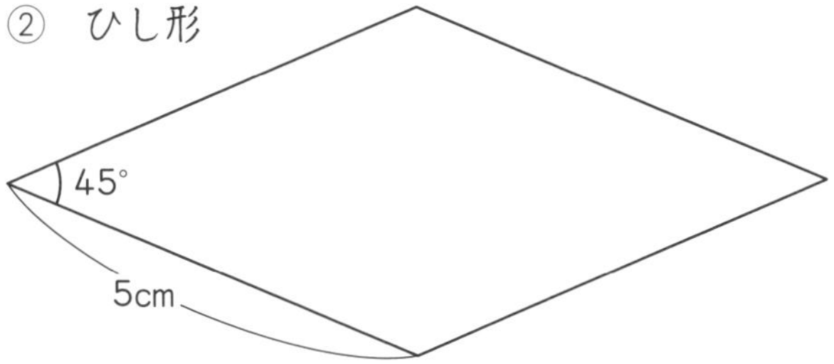

月　　日

6 合同な図形
合同な図形（12）

名前

● 合同な三角形のかき方を使って，下の四角形と合同な四角形を書きましょう。

必要な辺の長さや角度をはかって書きましょう。

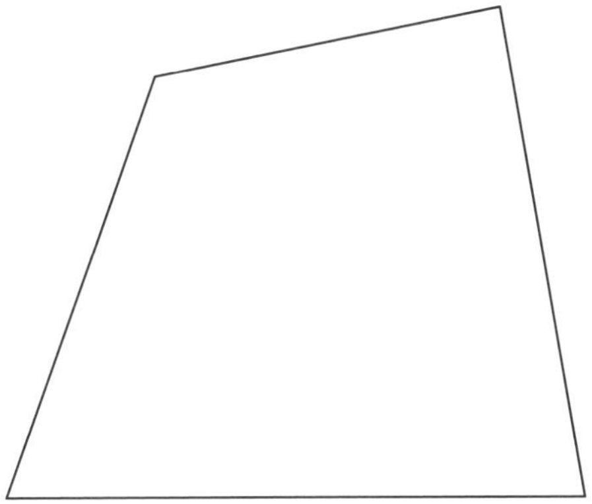

月　日

6 ふりかえり・たしかめ (1)

合同な図形

名前

1 三角形 ㋐ と ㋑ は合同です。

(1) 次の辺の長さは何 cm ですか。

① 辺DE (　　　　　　)

② 辺EF (　　　　　　)

③ 辺FD (　　　　　　)

(2) 次の角の大きさは何度ですか。

① 角D (　　　　)

② 角E (　　　　)

③ 角F (　　　　)

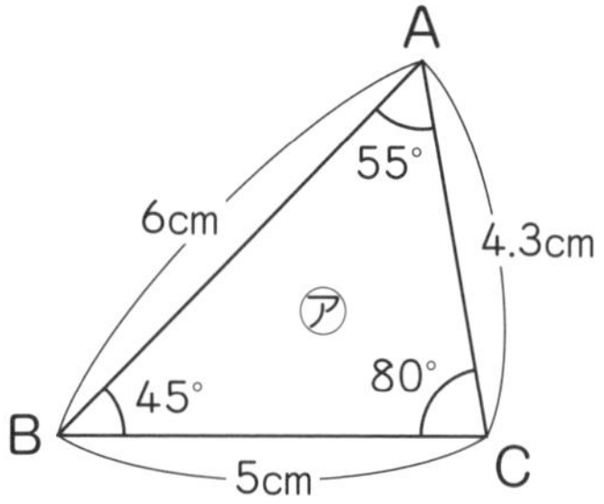

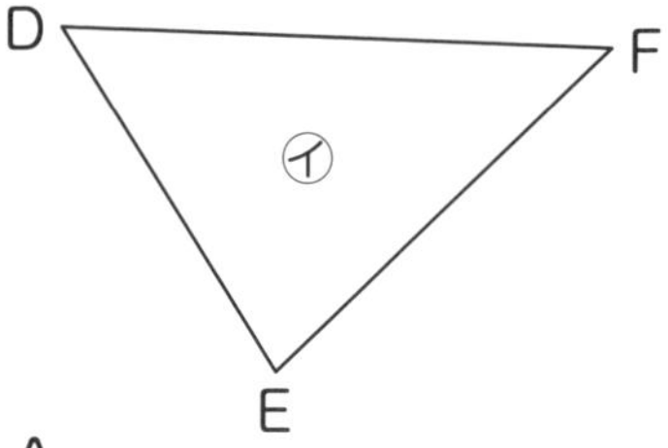

2 四角形 ㋒ と ㋓ は合同です。

(1) 次の辺の長さは何 cm ですか。

① 辺EF (　　　　　　)

② 辺FG (　　　　　　)

③ 辺GH (　　　　　　)

④ 辺HE (　　　　　　)

(2) 次の角の大きさは何度ですか。

① 角E (　　　　)

② 角F (　　　　)

③ 角G (　　　　)

④ 角H (　　　　)

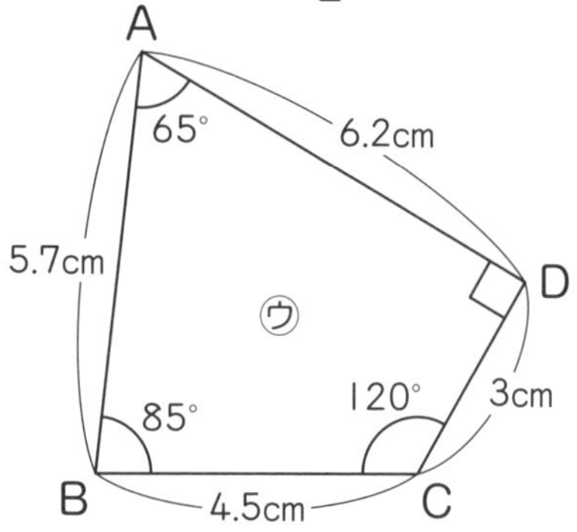

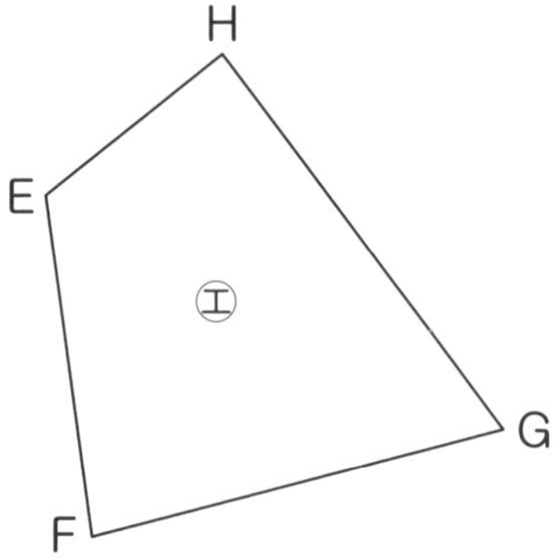

月　日

6 ふりかえり・たしかめ (2)

合同な図形

名前

1 下の図のような三角形をかきましょう。

①

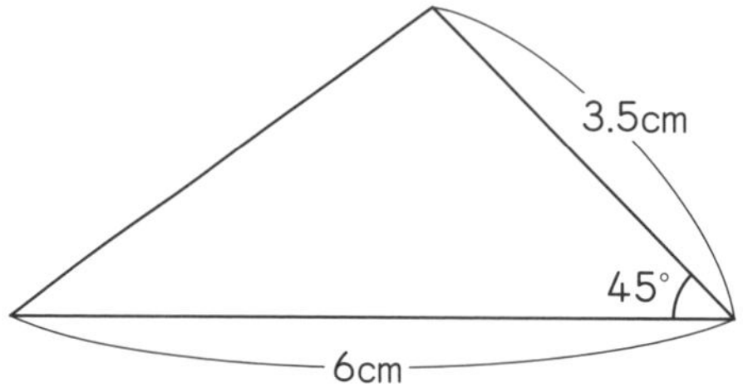

②

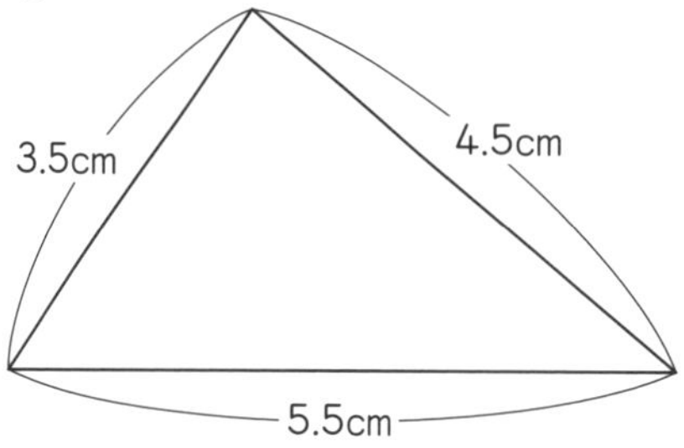

2 必要な角の大きさだけをはかって，下の三角形ＡＢＣと合同な三角形を書きましょう。また，はかった角度は，書いた図に書きましょう。

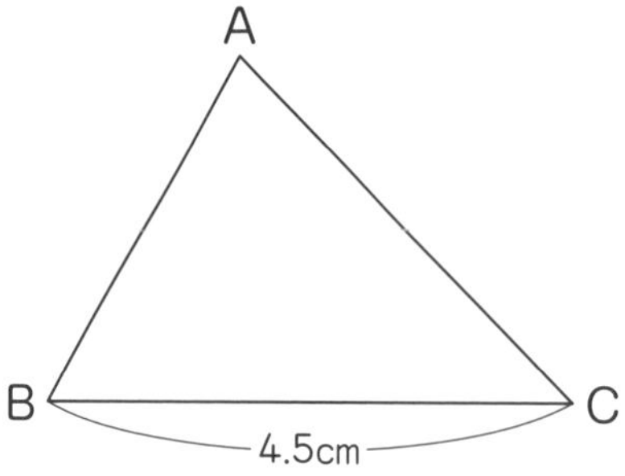

月　　日

6 まとめのテスト
合同な図形

名前

【知識・技能】

1　下の㋐と㋑の四角形は合同です。(5×4)

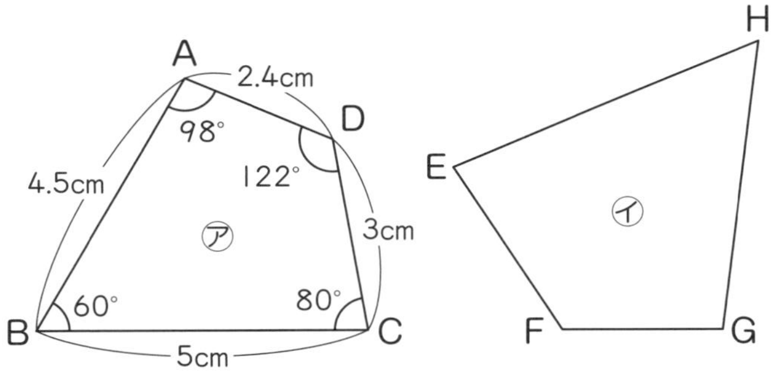

① 次の辺の長さは何cmですか。

辺FG（　　　　）cm

辺GH（　　　　）cm

② 次の角の大きさは何度ですか。

角F（　　　　）°　角H（　　　　）°

2　次の三角形を書きましょう。(10×2)

① 2つの辺の長さが5cmと4cmで，その間の角の大きさが30°の三角形

② 3つの辺の長さが6cm，4cm，3cmの三角形

3　次の四角形と合同な四角形を書きましょう。(10)

ひし形

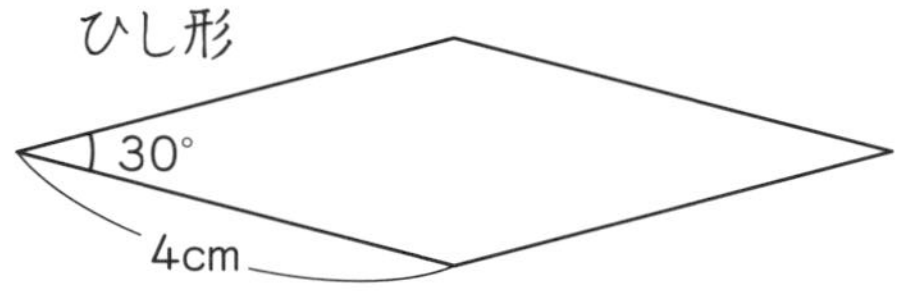

【思考・判断・表現】

4　下の三角形ABCと合同な三角形を書きます。どの辺の長さや角の大きさをはかればいいですか。3つの考え方にふさわしい記号を（　）に書きましょう。(5×6)

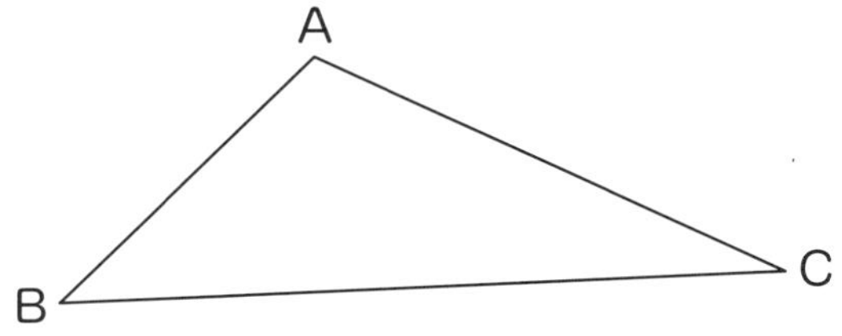

① 辺BCの長さ
角（　　　）の大きさ　角（　　　）の大きさ

② 辺BCの長さ
辺（　　　）の長さ　辺（　　　）の長さ

③ 辺（　　　）の長さ　辺（　　　）の長さ
角Aの大きさ

5　下の合同な2つの三角形を組み合わせてできる四角形の名前を書きましょう。(10×2)

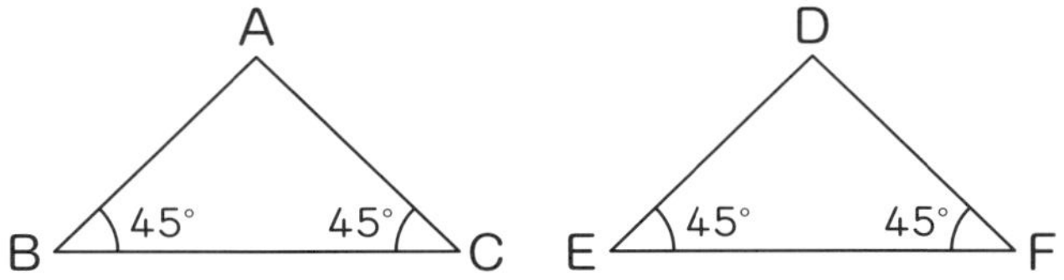

① 辺BCと対応《たいおう》する辺を合わせてできる四角形
（　　　　　　　　）

② 辺ABと対応する辺を合わせてできる四角形
（　　　　　　　　）

月　　日

7 図形の角

三角形と四角形の角（1）

名前

● ㋐，㋑，㋒，㋓ の角度は何度ですか。計算で求めましょう。

①

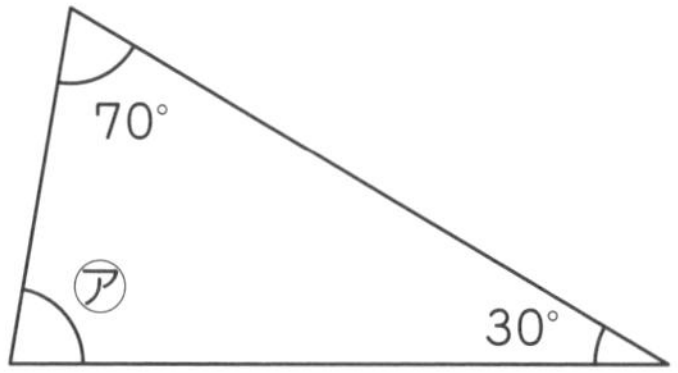

式

答え

②

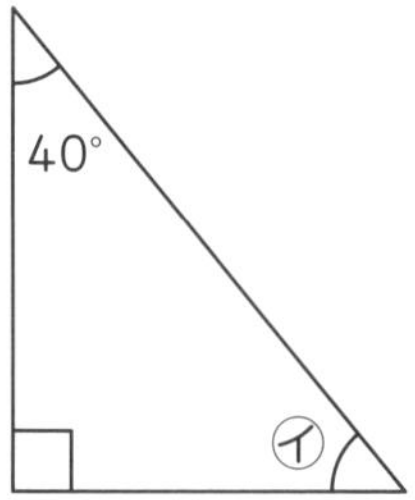

式

答え

③

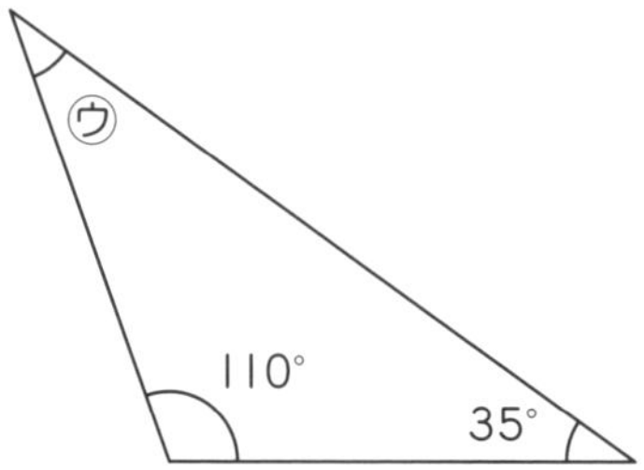

式

答え

④

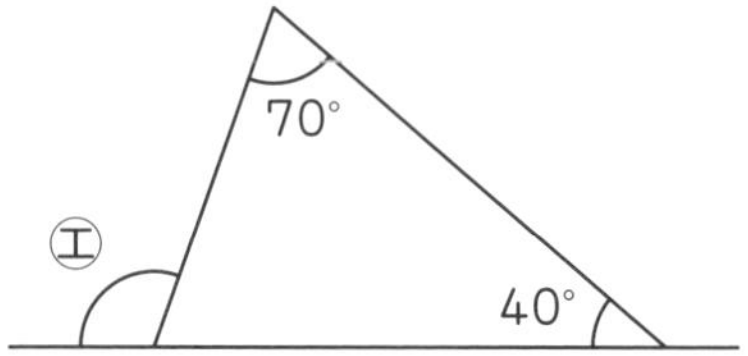

式

答え

月　　日

7 図形の角

三角形と四角形の角（2）

名前

● ㋐，㋑，㋒，㋓ の角度は何度ですか。計算で求めましょう。

①

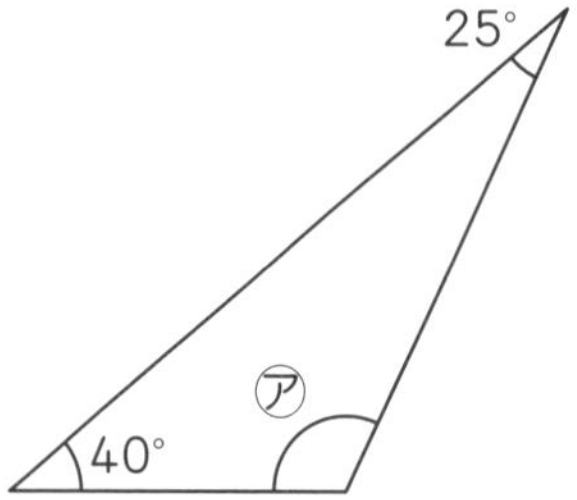

式

答え

② 二等辺三角形

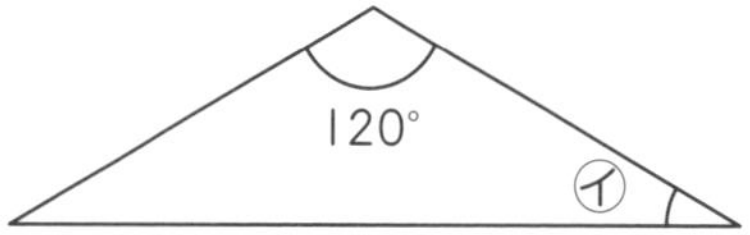

式

答え

③

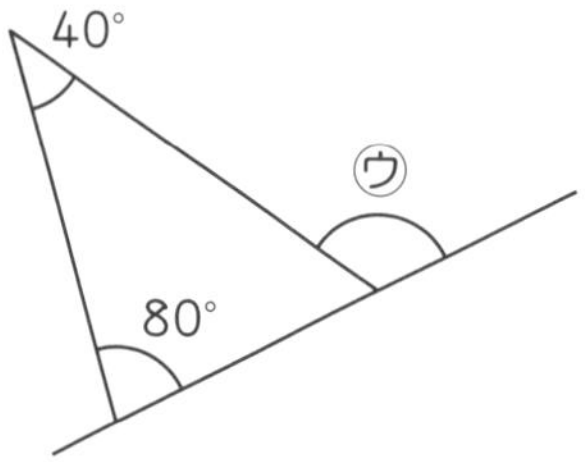

式

答え

④

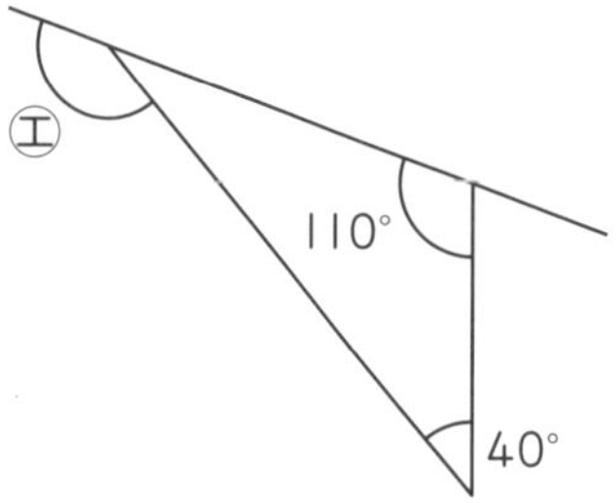

式

答え

月　　日

7 図形の角
三角形と四角形の角（3）

名前

トライ

● ㋐，㋑，㋒，㋓ の角度は何度ですか。計算で求めましょう。

①

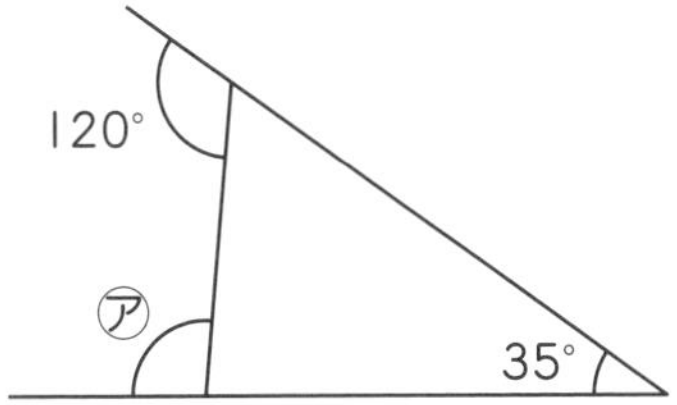

式

答え

②

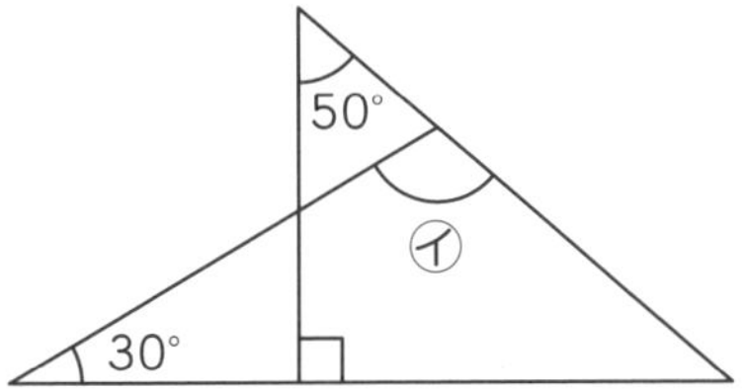

式

答え

③

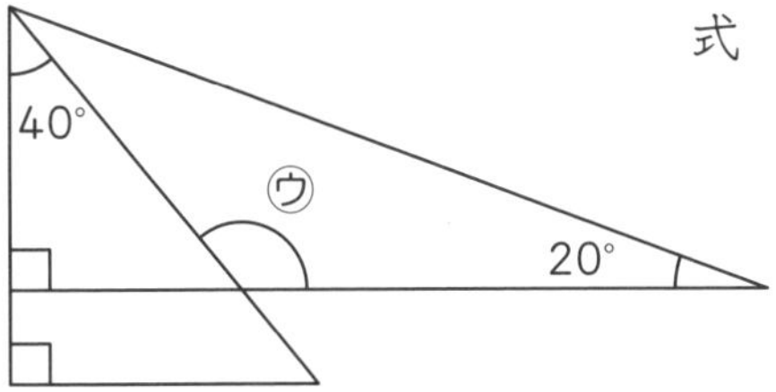

式

答え

④

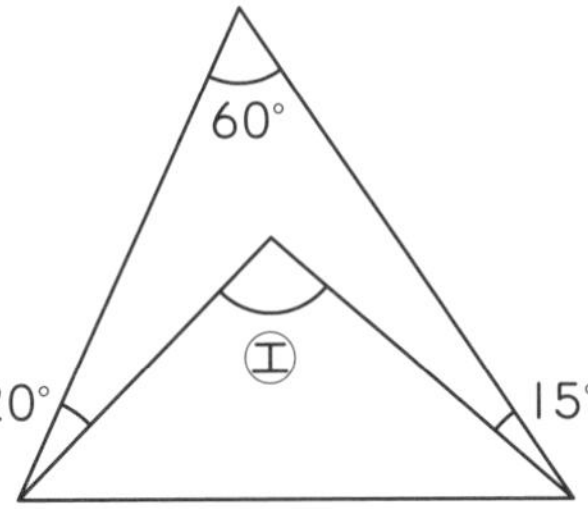

式

答え

月　　日

7 図形の角
三角形と四角形の角（4）

名前

● 四角形の４つの角の大きさの和を三角形に分けて求めます。
図をもとにして，考え方を式に表します。
（　　）にあてはまることばや数を書きましょう。

①

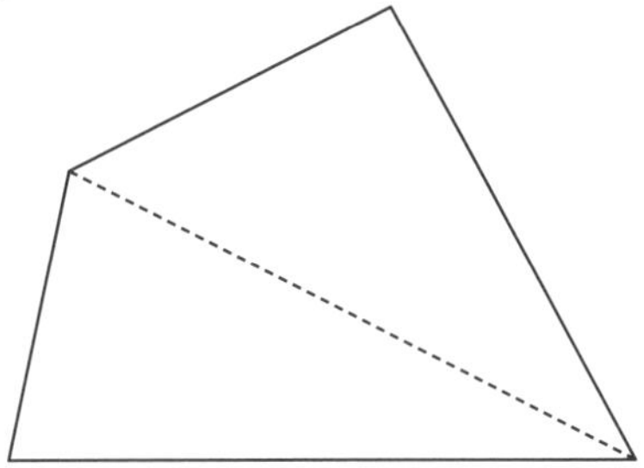

１本の（　　　　　　）で，２つの三角形に分けて求めます。

三角形の３つの角の大きさの和は（　　　　）度だから，次のような式になります。

（　　　　）×２＝（　　　　）

②

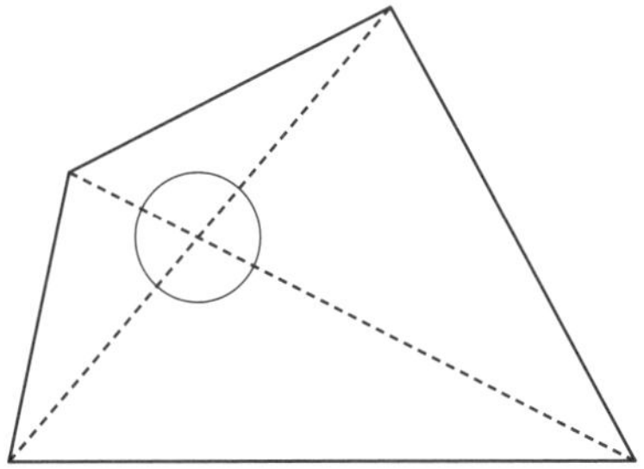

２本の対角線で（　　）つの三角形に分けて求めます。

三角形の３つの角の大きさの和は（　　　　）度だから，三角形４つ分の角の大きさを求めますが，対角線が交差している○のところにある角はふくまれないので，（　　　　）度をひいて求めます。

180×４－（　　　　）＝（　　　　）

月　日

7 図形の角

三角形と四角形の角（5）

名前

● ㋐，㋑，㋒，㋓ の角度は何度ですか。計算で求めましょう。

①

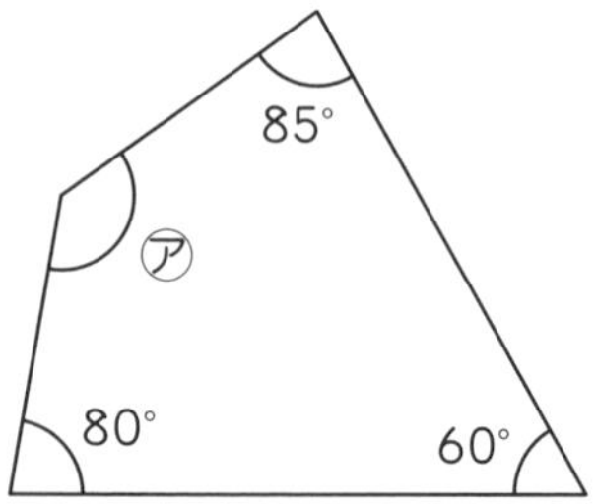

式

答え

②

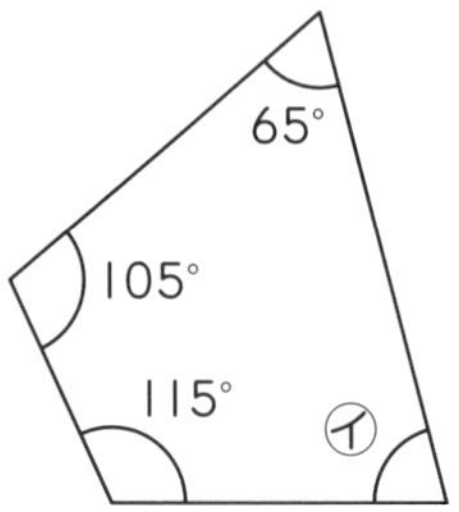

式

答え

③

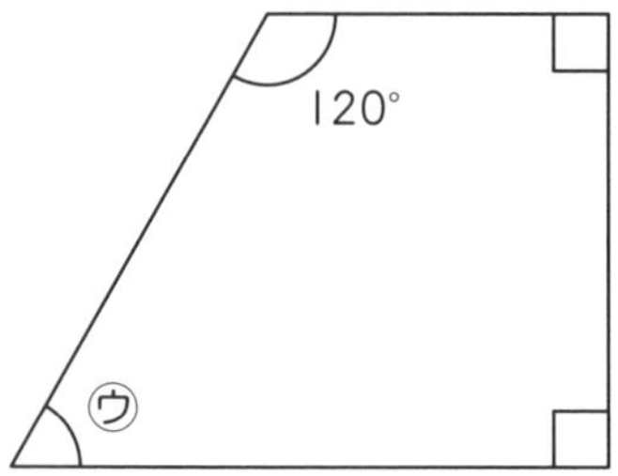

式

答え

④

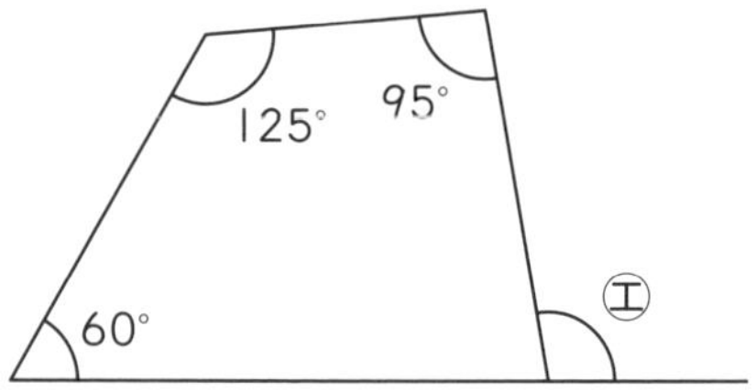

式

答え

月　日

7 図形の角

三角形と四角形の角（6）

名前

● ㋐，㋑，㋒，㋓ の角度は何度ですか。計算で求めましょう。

①

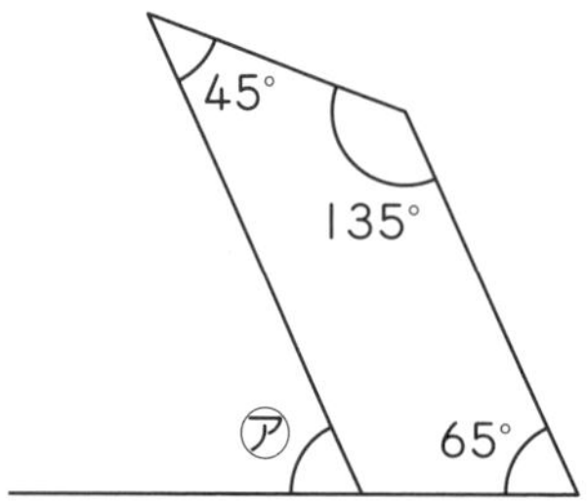

式

答え

②

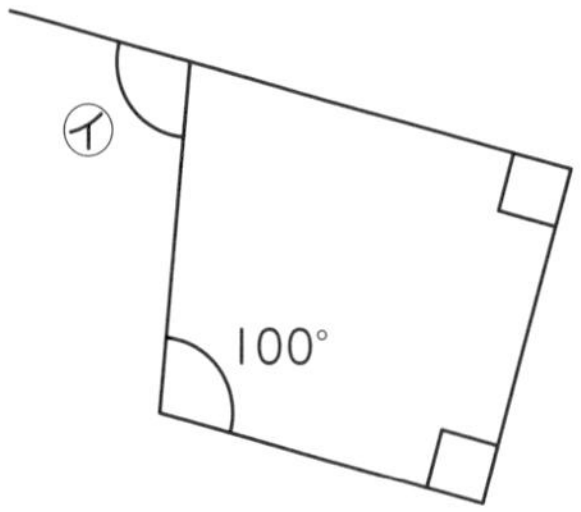

式

答え

トライ ③

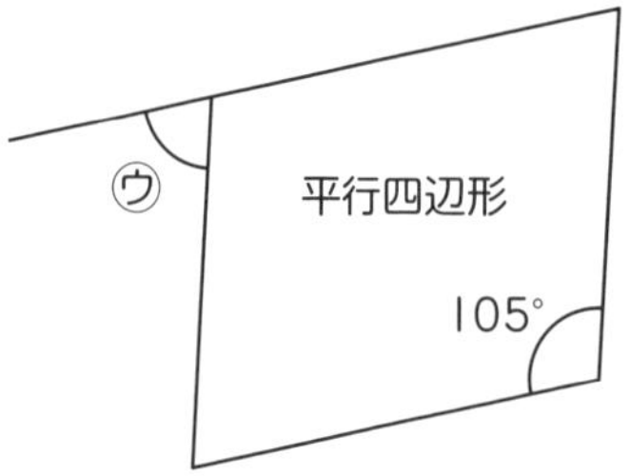

式

答え

トライ ④

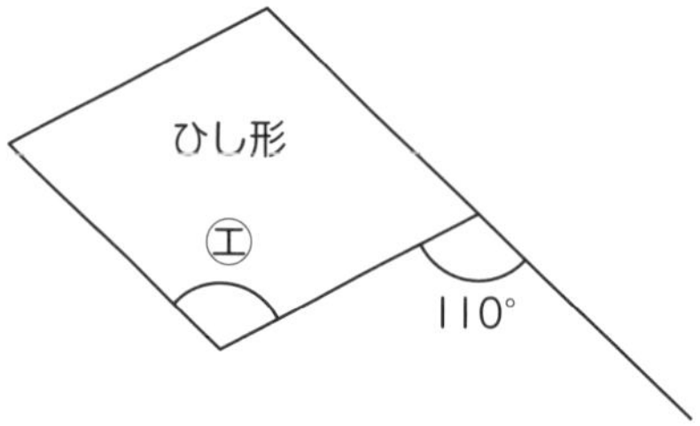

式

答え

月　　日

7 図形の角
三角形と四角形の角（7）

名前

1　（　　）にあてはまることばを書きましょう。

①　5本の直線で囲《かこ》まれた図形を（　　　　　）といいます。

②　6本の直線で囲まれた図形を（　　　　　）といいます。

③　三角形，四角形などのように，直線で囲まれた図形を，
（　　　　　）といいます。

2　次の多角形の角の大きさの和を，図やヒントを見て求めましょう。

①　五角形

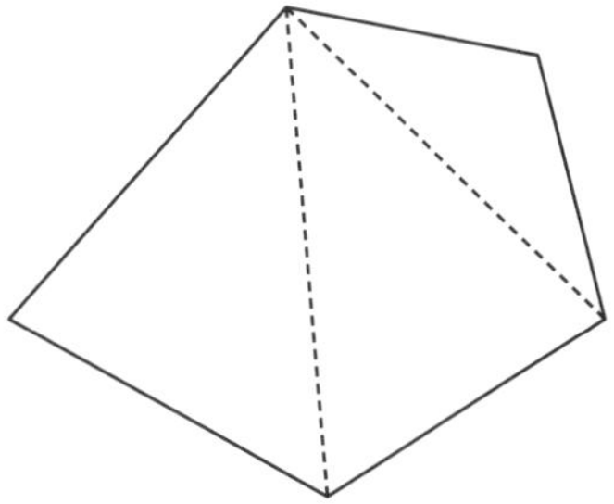

式

答え

②　六角形

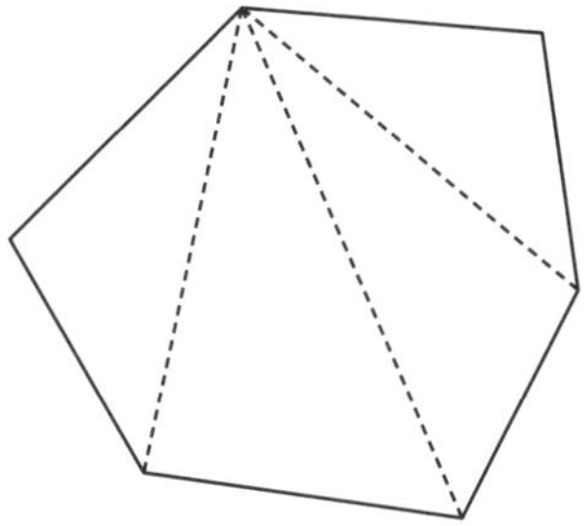

式

答え

月　　日

7 図形の角
三角形と四角形の角（8）

名前

1　次の多角形の角の大きさの和を，図やヒントを見て求めましょう。

①　七角形

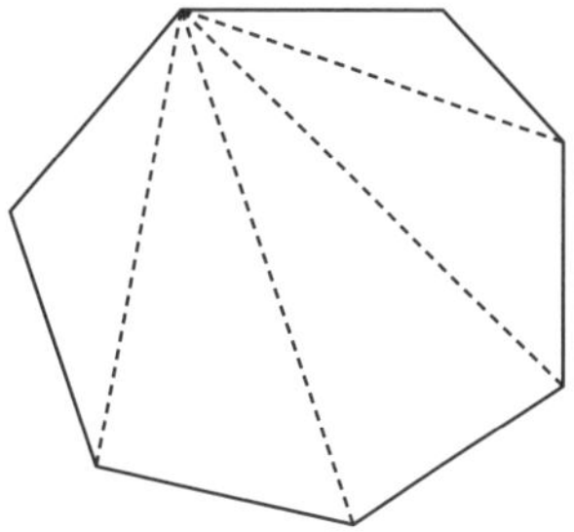

式

答え

②　八角形

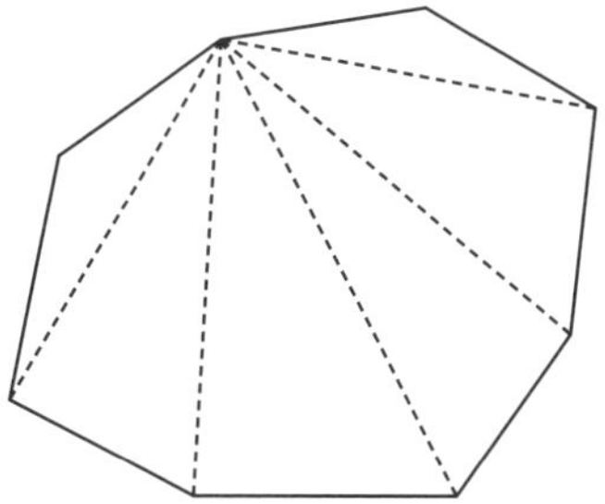

式

答え

2　多角形の角の大きさの和を，表にまとめます。角の大きさの和を書きましょう。

	三角形	四角形	五角形	六角形	七角形	八角形
三角形の数	1	2	3	4	5	6
角の大きさの和						

月　日

7 ふりかえり・たしかめ (1)

図形の角

名前

1 ㋐，㋑，㋒ の角度を，式に書いて求めましょう。

①

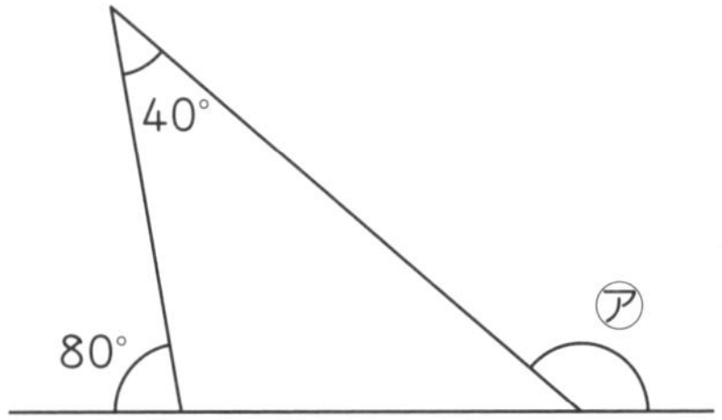

㋐ 式

答え

② 二等辺三角形と平行四辺形を合わせた形

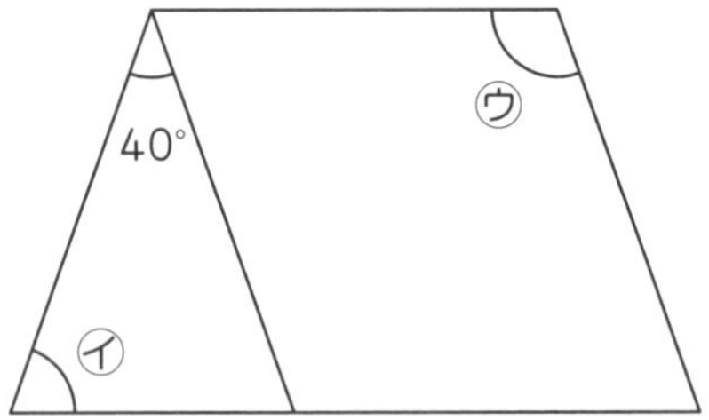

㋑ 式

答え

㋒ 式

答え

2 三角定《じょう》規《ぎ》を下のように組み合わせてできるあの角度を求めましょう。

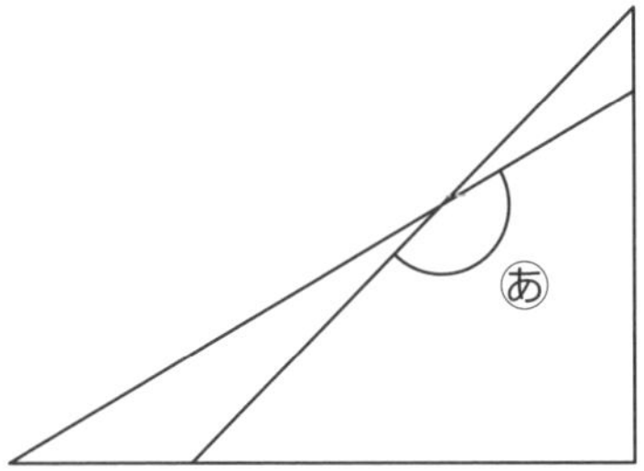

式

答え

月　日

7 ふりかえり・たしかめ (2)

図形の角

名前

1 ㋐，㋑ の角度を，式に書いて求めましょう。

①

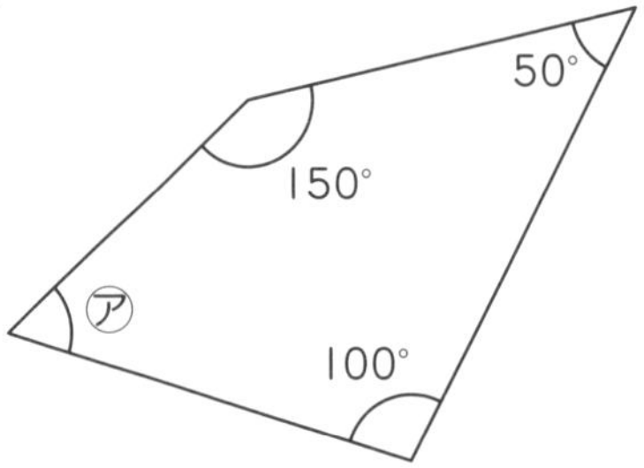

式

答え

②

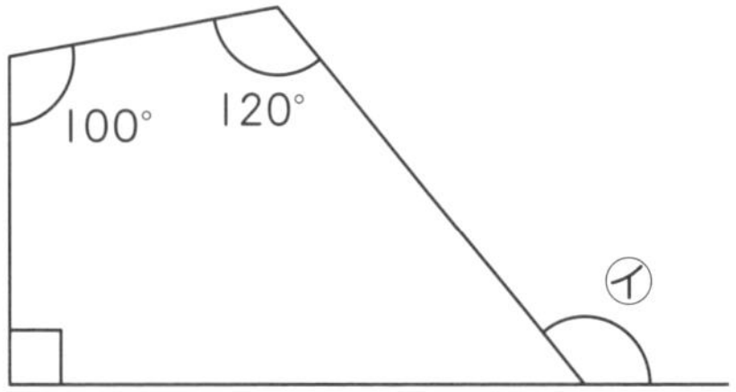

式

答え

2 五角形の角の大きさの和を求めました。図に合う式を選んで，線でむすびましょう。

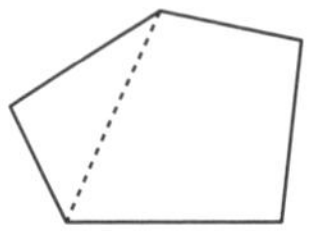 •　　• 180 × 3

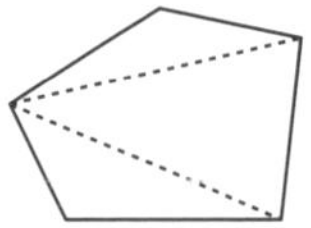 •　　• 180 × 5 − 360

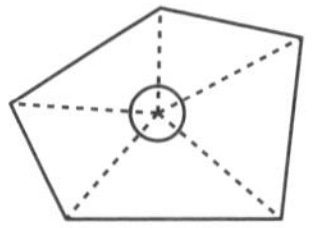 •　　• 180 + 360

月　　日

7 まとめのテスト
図形の角

名前

【知識・技能】

1　（　　）にあてはまることばを書きましょう。(5 × 2)

① 三角形，四角形などのように，直線で囲《かこ》まれた図形を，（　　　　　　）といいます。

② 5本の直線で囲まれた図形を，（　　　　　　）といいます。

2　㋐～㋓の角の大きさを求めましょう。(5 × 8)

①

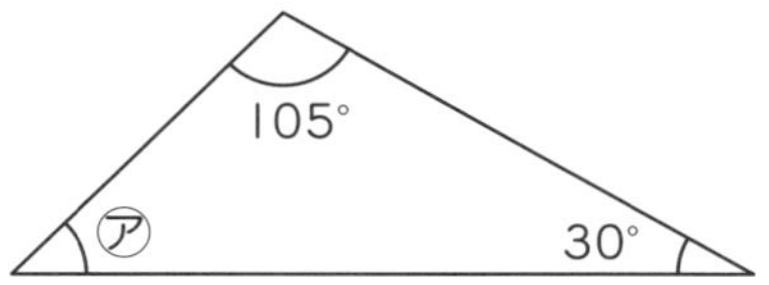

式

答え

②

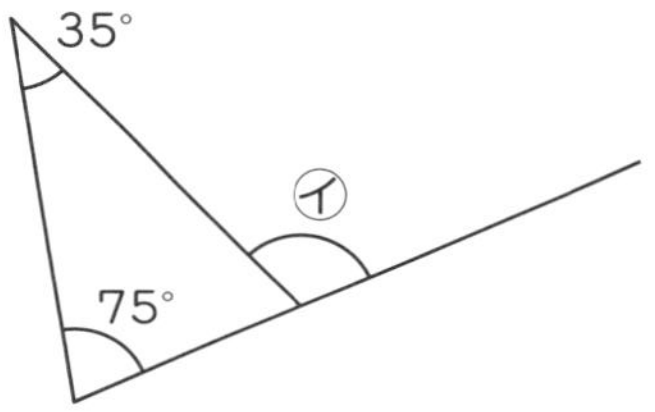

式

答え

③

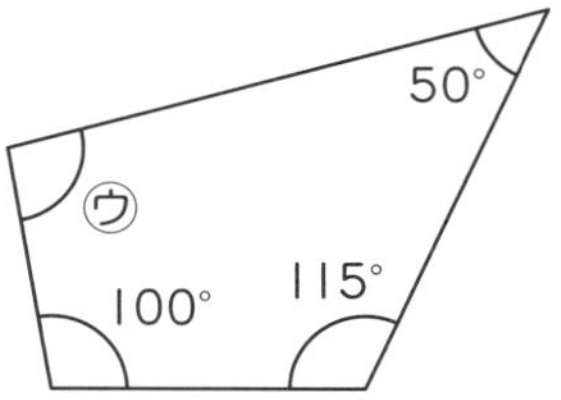

式

答え

④

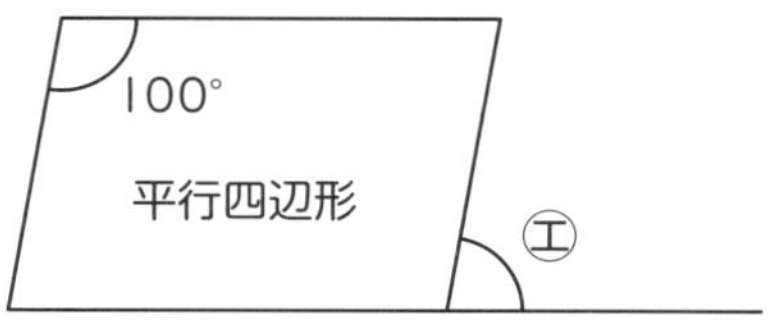

式

答え

【思考・判断・表現】

3　三角定規《じょうぎ》2まいを，下のように組み合わせてできる㋐と㋑の角度を求めましょう。(5 × 4)

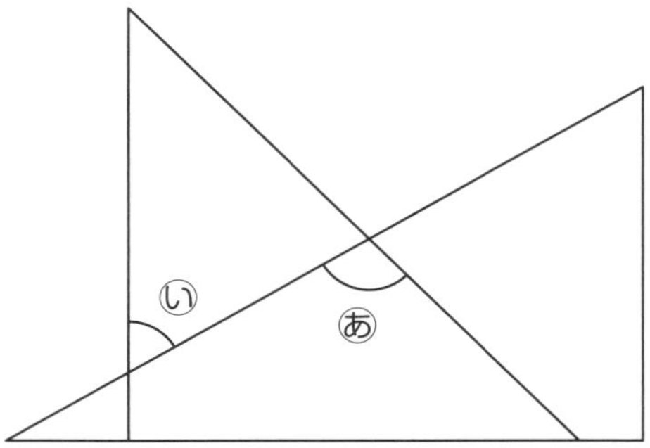

① あの角

式

答え

② いの角

式

答え

4　六角形の角の大きさの和を求めました。①～③の式にあう図を，下の㋐～㋒から選んで（　）に記号を書きましょう。(10 × 3)

① 180 × 4　（　　）

② 360 × 2　（　　）

③ 180 × 6 − 360　（　　）

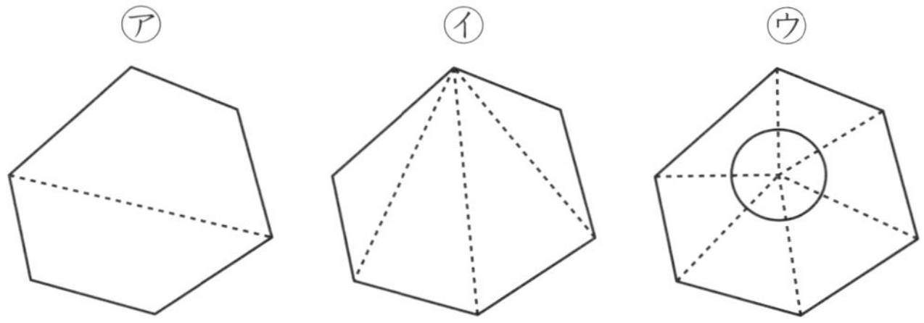

月　　日

8 偶数と奇数，倍数と約数

偶数と奇数（1）

名前

[1]（　）に偶数《ぐうすう》か奇数《きすう》のどちらかを書きましょう。

① 2でわりきれる整数を，（　　　　）といいます。

② 2でわりきれない整数を，（　　　　）といいます。

③ 0は（　　　　）とします。

[2]（　）下の数直線で，偶数を○でかこみましょう。

[3] 次の数を偶数と奇数に分けて，□に書きましょう。

16　　35　　43　　70

87　　99　　101　　154

358　　1002　　3465

偶数	奇数

月　　日

8 偶数と奇数，倍数と約数

偶数と奇数（2）

名前

[1] 例のように，図に色をぬり，式に表しましょう。
また，偶数《ぐうすう》か奇数《きすう》かを（　）に書きましょう。

(例) 6 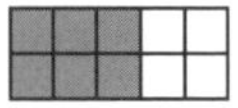　式　2×3　（ 偶数 ）

7 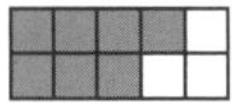　式　2×3＋1　（ 奇数 ）

① 9 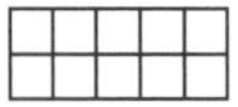　式　（　　　）

② 12 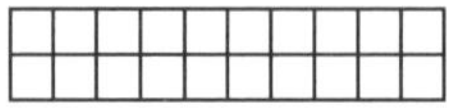　式　（　　　）

③ 15 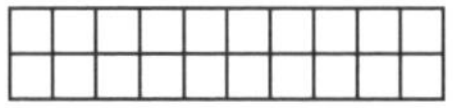　式　（　　　）

④ 26 　式　（　　　）

[2] 次の数が偶数か奇数かを，2×□…の式で表しましょう。
また，偶数か奇数かを（　）に書きましょう。

① 32　式　（　　　）

② 51　式　（　　　）

月　日

8 偶数と奇数，倍数と約数

倍数と公倍数（1）

名前

1　りんごが１ふくろに４個《こ》ずつ入っています。
１ふくろ，２ふくろ，…と買ったときの，
りんごの数を調べましょう。

①　表にまとめましょう。

ふくろの数（ふくろ）	1	2	3	4	5	6	7	8
りんごの数（個）	4							

②　りんごの数は，何の倍数になっていますか。

（　　　）の倍数

2　次の数の倍数を，小さいほうから順に５つ書きましょう。

①　5

②　6

③　7

④　12

⑤　15

月　日

8 偶数と奇数，倍数と約数

倍数と公倍数（2）

名前

1　２の倍数，３の倍数に，それぞれ○をつけて，下の問題に答えましょう。

２の倍数

３の倍数

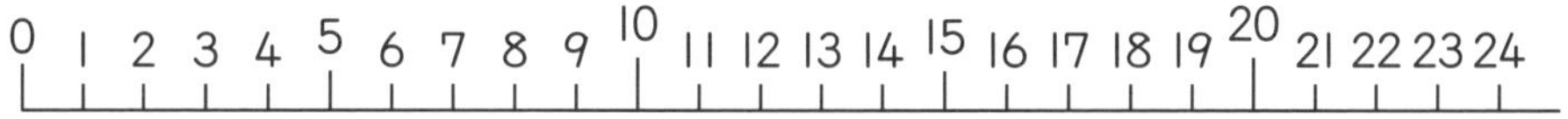

①　上の数直線にある，２と３の公倍数を書きましょう。

（　　　　　　　　　　）

②　２と３の最小公倍数を書きましょう。　（　　　）

2　３の倍数，４の倍数に，それぞれ○をつけて，下の問題に答えましょう。

３の倍数

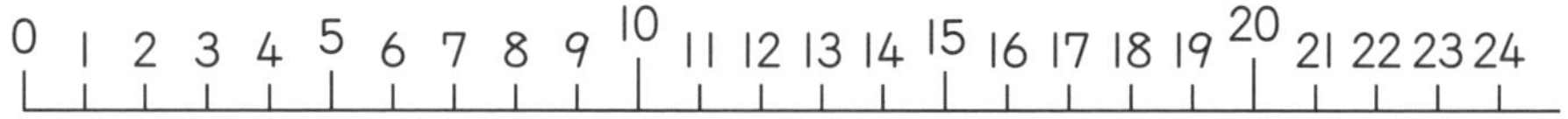

４の倍数

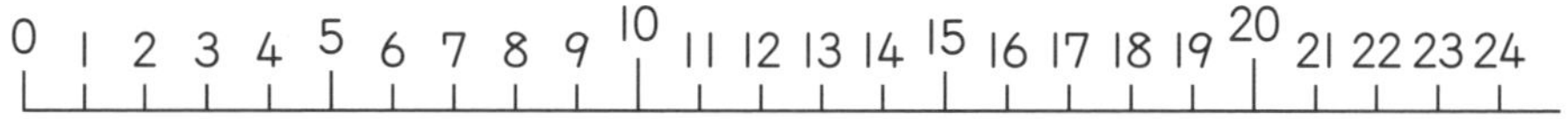

①　上の数直線にある，３と４の公倍数を書きましょう。

（　　　　　　　　　　）

②　３と４の最小公倍数を書きましょう。　（　　　）

月　日

8 偶数と奇数，倍数と約数

倍数と公倍数（3）

名前

1　1～50までの数について，次の２つの整数の倍数を全部書きましょう。また，公倍数と最小公倍数を書きましょう。

①（4，5）

4の倍数（　　　　　　　　　　　　　　　　）

5の倍数（　　　　　　　　　　　　　　　　）

4と5の公倍数（　　　　　　　　　）

4と5の最小公倍数（　　　）

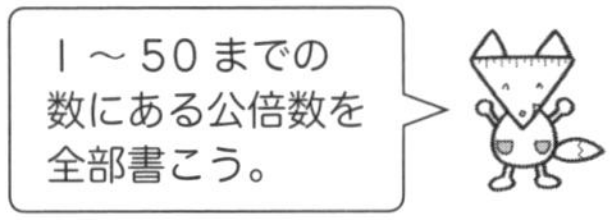
1～50までの数にある公倍数を全部書こう。

②（6，8）

6の倍数（　　　　　　　　　　　　　　　　）

8の倍数（　　　　　　　　　　　　　　　　）

6と8の公倍数（　　　　　　　　　）

6と8の最小公倍数（　　　）

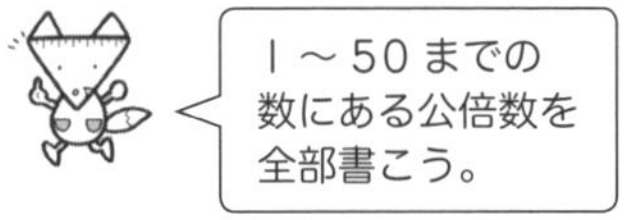
1～50までの数にある公倍数を全部書こう。

2　次の２つの整数の公倍数を，小さいほうから３つ書きましょう。

①（2，10）□ □ □

②（5，7）□ □ □

月　日

8 偶数と奇数，倍数と約数

倍数と公倍数（4）

名前

1　次の２つの整数の公倍数を，小さいほうから３つ書きましょう。また，最小公倍数も書きましょう。

①（3，8）□ □ □　最小公倍数（　　　）

②（6，9）□ □ □　最小公倍数（　　　）

③（8，12）□ □ □　最小公倍数（　　　）

④（7，21）□ □ □　最小公倍数（　　　）

⑤（12，18）□ □ □　最小公倍数（　　　）

2　50～100までの数について，次の２つの整数の公倍数を全部書きましょう。

①（4，12）（　　　　　　　　　　　　）

②（8，9）（　　　　　　　　　　　　）

③（6，15）（　　　　　　　　　　　　）

月　日

8 偶数と奇数，倍数と約数

倍数と公倍数（5）

名前

1　高さ 6cm の箱と，高さ 8cm の箱をそれぞれ積み上げていきます。最初に高さが等しくなるのは，何 cm のときですか。

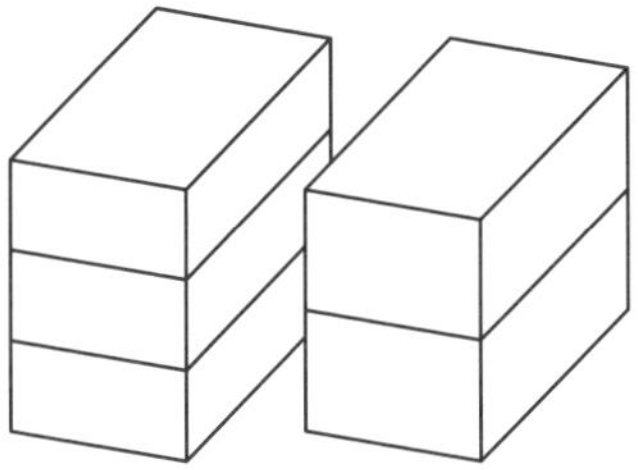

（　　　　）

2　A駅からB町へ行くバスは，6 分おきに出ています。
A駅からC町へ行くバスは，15 分おきに出ています。
午前 8 時に，この 2 つのバスが同時に発車しました。次に同時に発車するのは，何時何分ですか。

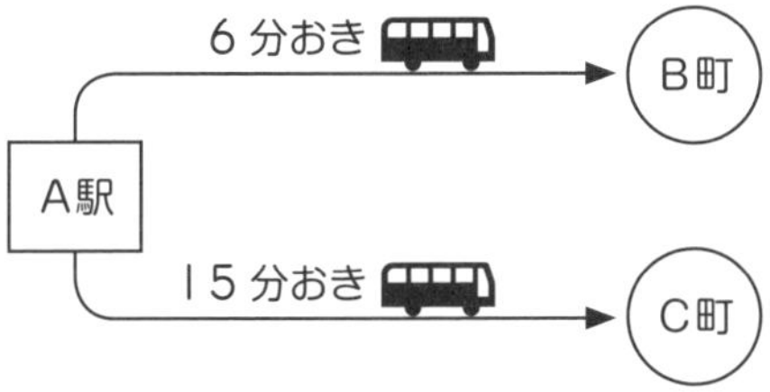

（　　　　）

3　たて 3cm，横 7cm の長方形の板をならべて正方形を作ります。できる正方形のうち，いちばん小さい正方形の 1 辺の長さは何 cm ですか。

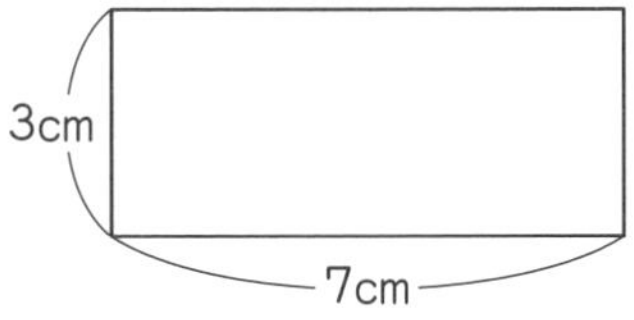

（　　　　）

月　日

8 偶数と奇数，倍数と約数

倍数と公倍数（6）

名前

1　3 つの整数，3，4，6 の公倍数をみつけましょう。

①　それぞれの整数の倍数に○をつけましょう。

3 の倍数

4 の倍数

6 の倍数

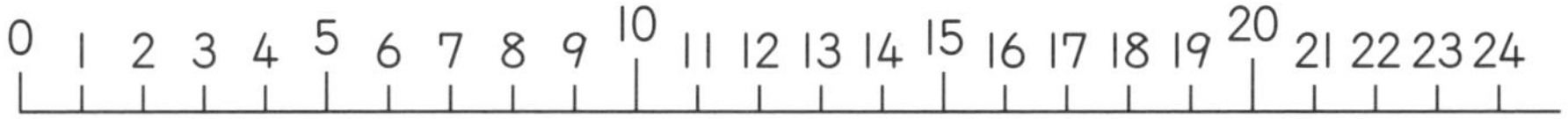

②　3 と 4 と 6 の最小公倍数を書きましょう。　（　　　　）

③　3 と 4 と 6 の公倍数を，小さい方から 3 つ書きましょう。　□　□　□

2　次の 3 つの整数の公倍数を，小さい方から 3 つ書きましょう。

①（2，6，8）　□　□　□

②（4，6，9）　□　□　□

③（4，5，6）　□　□　□

8 偶数と奇数，倍数と約数

倍数と公倍数（7）

名前

1　（　　）の中の整数の公倍数を，小さいほうから３つ書きましょう。

①（４，８，９）　□　□　□

②（３，６，７）　□　□　□

③（３，９，１２）　□　□　□

④（８，１２，１６）　□　□　□

2　右の図のような，たて２cm，横５cm，高さ３cm の直方体があります。
　この直方体を同じ方向に積んで立方体を作ります。

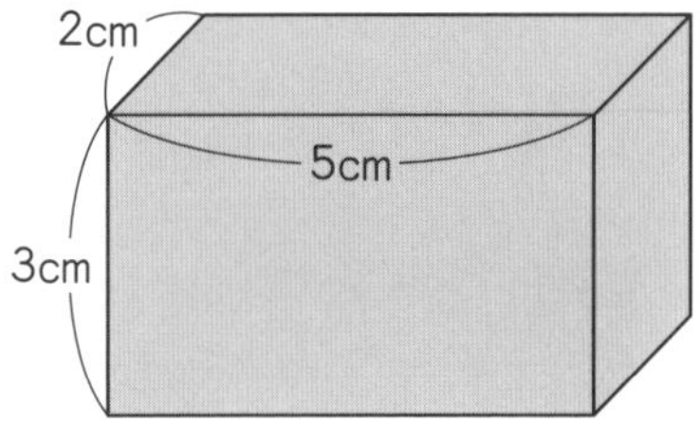

①　できる立方体のうち，いちばん小さい立方体の１辺の長さは何 cm ですか。　（　　　　）

②　１辺が１m 以内で，いちばん大きい立方体の１辺の長さは何 cm ですか。　（　　　　）

8 偶数と奇数，倍数と約数

約数と公約数（1）

名前

●　たて８cm，横１２cm の長方形の中に，合同な正方形の紙をすきまなくしきつめます。しきつめられるのは，正方形の１辺が何 cm のときですか。また，そのとき，正方形の紙は何まいになりますか。（正方形の１辺の長さは整数とします。）

①　８の約数と１２の約数に○をつけましょう。

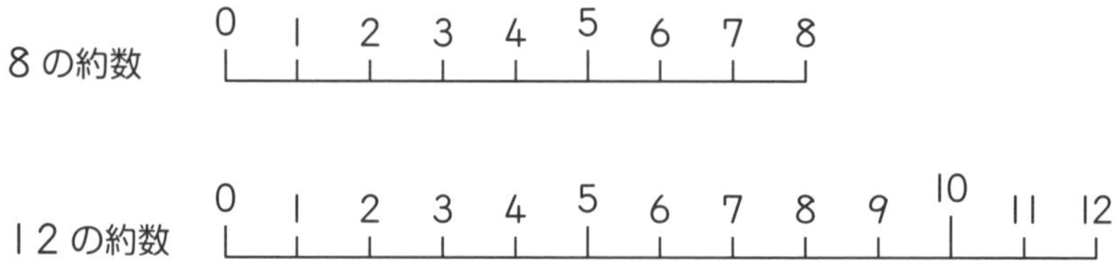

②　８と１２の公約数を全部書きましょう。　（　　　　）

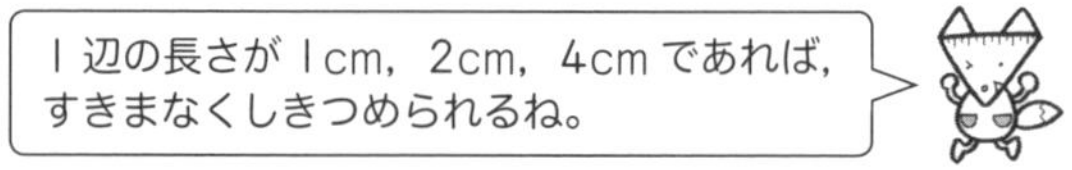

③　８と１２の最大公約数を書きましょう。　（　　）

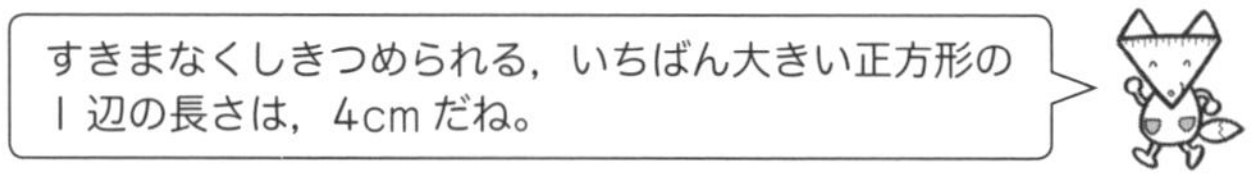

④　③で求めた正方形を，たて８cm，横１２cm の長方形の中にしきつめると，正方形の紙は何まい必要ですか。

（　　　　）

月　日

8 偶数と奇数，倍数と約数

約数と公約数（2）

名前

1 16と20の公約数を調べましょう。

① 16の約数と20の約数に○をつけましょう。

16の約数

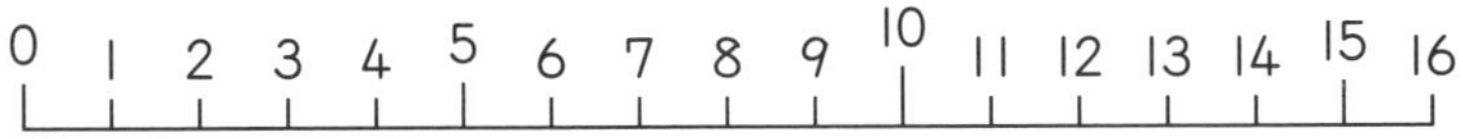

20の約数

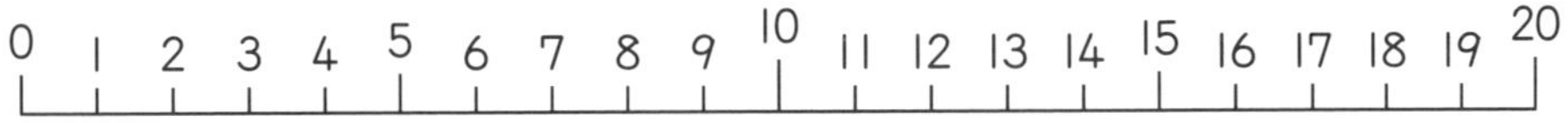

② 16と20の公約数を全部書きましょう。　（　　　　）

③ 16と20の最大公約数を書きましょう。　（　　）

2 次の2つの整数の公約数全部と，最大公約数を書きましょう。

① （5，15）　公約数（　　　　）　最大公約数（　　）

② （6，12）　公約数（　　　　）　最大公約数（　　）

③ （12，18）　公約数（　　　　）　最大公約数（　　）

④ （20，24）　公約数（　　　　）　最大公約数（　　）

月　日

8 偶数と奇数，倍数と約数

約数と公約数（3）

名前

1 （　　）の中の2つの整数の公約数を，全部求めましょう。また，最大公約数を求めましょう。

① （7，5）　公約数（　　　　）　最大公約数（　　）

② （7，21）　公約数（　　　　）　最大公約数（　　）

③ （45，30）　公約数（　　　　）　最大公約数（　　）

④ （32，24）　公約数（　　　　）　最大公約数（　　）

⑤ （48，36）　公約数（　　　　）　最大公約数（　　）

2 （　　）の中の3つの整数の最大公約数を求めましょう。

① （12，18，24）　最大公約数（　　）

② （10，15，20）　最大公約数（　　）

③ （8，20，24）　最大公約数（　　）

④ （12，24，60）　最大公約数（　　）

月　　日

8 偶数と奇数，倍数と約数

約数と公約数（4）

名前

1 （　　）の中の３つの整数の公約数を全て求めましょう。
また，最大公約数を求めましょう。

① （9，18，27）

公約数（　　　　　　　　　　　　）　最大公約数（　　　）

② （7，14，21）

公約数（　　　　　　　　　　　　）　最大公約数（　　　）

③ （12，24，30）

公約数（　　　　　　　　　　　　）　最大公約数（　　　）

④ （18，27，90）

公約数（　　　　　　　　　　　　）　最大公約数（　　　）

⑤ （30，60，90）

公約数（　　　　　　　　　　　　）　最大公約数（　　　）

2 あめが36個《こ》，チョコレートが24個あります。
これを，できるだけたくさんの子どもに，あまりなく分けます。
何人に分けることができますか。
また，そのとき，あめとチョコレートは，それぞれ何個ずつになりますか。

（　　　）人

あめ（　　　）個　チョコレート（　　　）個

月　　日

8 偶数と奇数，倍数と約数

いかしてみよう

名前

● 新幹線《しんかんせん》の座《ざ》席は，右の図のように，２人がけの列と，３人がけの列でできています。

２人以上で乗れば，だれのとなりの席も空かないようにすわることができます。

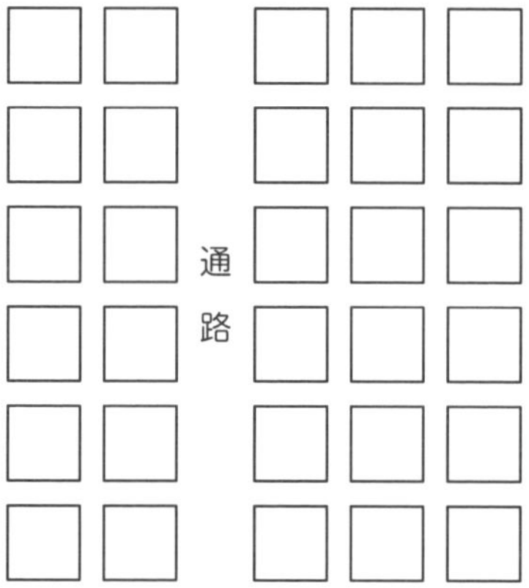

では，どのようなすわり方をすればだれのとなりの席も空かないようにすわれるでしょうか。図と式で表してみましょう。

【8人の場合の例①】

2 × 4

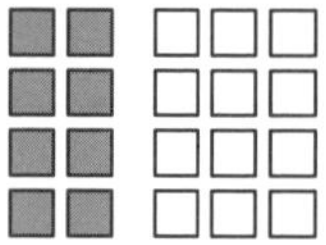

【8人の場合の例②】

2 × 1 ＋ 3 × 2

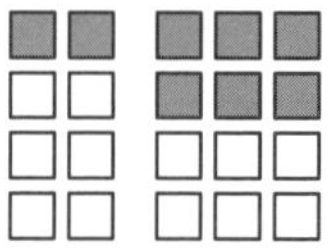

例にならって，次の数の場合を３通り考えてみましょう。

【17人の場合】

式

図

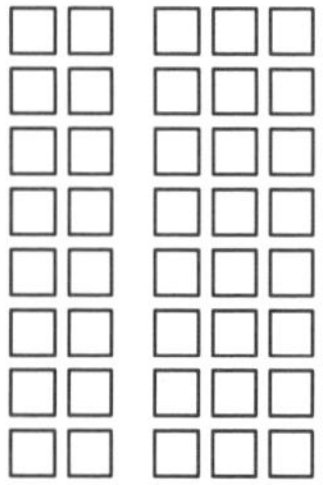

式

図

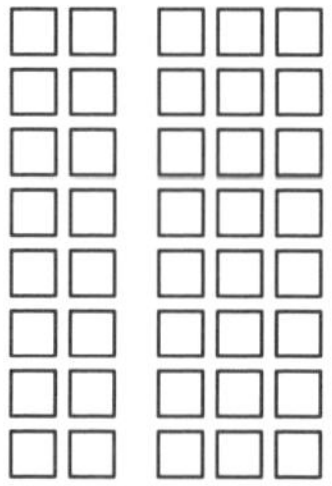

式

図

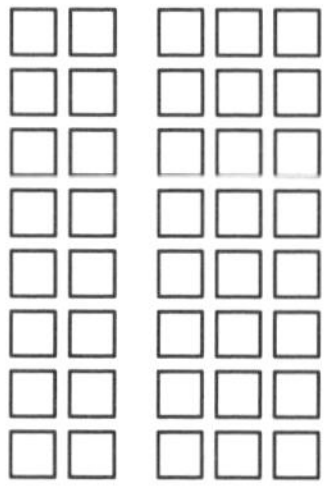

月　　日

8 ふりかえり・たしかめ (1)

偶数と奇数，倍数と約数

名前

1　次の数を，偶数《ぐうすう》と奇数《きすう》に分けて書きましょう。

0，3，6，9，15，20，56，107

偶数 □　　奇数 □

2　5の倍数と6の倍数を，それぞれ小さいほうから6つ書きましょう。また，5と6の最小公倍数を求めましょう。

5の倍数　（　　　　　　　　　　　）

6の倍数　（　　　　　　　　　　　）

5と6の最小公倍数　（　　　）

3　次の（　　）の中の整数の最小公倍数を求めましょう。

① （3，5） □　　② （4，8） □

③ （6，8） □　　④ （9，12，18） □

4　[2]，[3]，[4]の3まいのカードを使って，次の3けたの整数をつくりましょう。

① いちばん大きい奇数　（　　　　）

② いちばん小さい偶数　（　　　　）

月　　日

8 ふりかえり・たしかめ (2)

偶数と奇数，倍数と約数

名前

1　たて6cm，横9cmの長方形の紙を，同じ向きにすきまなくしきつめて正方形を作ります。

できる正方形のうち，いちばん小さいものの1辺の長さは何cmですか。また，そのとき，長方形の紙は何まい使いますか。

1辺が（　　　）cmの正方形を，（　　　）まい

2　36の約数と54の約数を，全部書きましょう。また，36と54の公約数と最大公約数を書きましょう。

36の約数　（　　　　　　　　　　　）

54の約数　（　　　　　　　　　　　）

36と54の公約数　（　　　　　　　）

36と54の最大公約数　（　　　）

3　1辺の長さが1cmの正方形の紙が18まいあります。
この紙をすべて使って，すきまなくしきつめて長方形を作ります。
どんな長方形ができますか。たてと横の長さを，それぞれ書きましょう。

（たて　　cm，横　　cm）　（たて　　cm，横　　cm）

（たて　　cm，横　　cm）　（たて　　cm，横　　cm）

（たて　　cm，横　　cm）　（たて　　cm，横　　cm）

8 まとめのテスト

偶数と奇数，倍数と約数

名前

【知識・技能】

1 次の数を，偶数《ぐうすう》と奇数《きすう》に分けて書きましょう。(5×2)

0，1，4，7，8，26，105，790

偶数

奇数

2 1～30までの整数について，答えましょう。(5×4)

① 4の倍数と6の倍数を，小さいほうから全部書きましょう。

4の倍数（　　　　）

6の倍数（　　　　）

② 4と6の公倍数を全部書きましょう。

（　　　　）

③ 4と6の最小公倍数を書きましょう。

（　　　　）

3 次の整数の約数を全部書きましょう。(5×2)

① 20（　　　　）

② 36（　　　　）

4 次の2つの整数の公約数を，全部書きましょう。また，その中の最大公約数に○をつけましょう。(5×2)

① 8と12（　　　　）

② 18と24（　　　　）

【思考・判断・表現】

5 高さ6cmの箱と高さ8cmの箱をそれぞれ積み重ねます。最初に高さが等しくなるのは，何cmのときですか。(10)

（　　　　）cm

6 たて4cm，横5cmの長方形の色板を，同じ向きに並《なら》べて正方形を作ります。

できる正方形のうち，いちばん小さい正方形の1辺の長さは何cmですか。

また，そのとき，何まいの色板を使っていますか。(10×2)

（　　　　）cmの正方形

色板のまい数（　　　　）まい

7 たて20cm，横28cmの長方形の中に，合同な正方形をしきつめます。

① すきまなくしきつめることができる正方形の1辺の長さを，全部書きましょう。(10)

（　　　　）

② しきつめられる正方形の中で，いちばん大きい正方形の1辺の長さは何cmですか。(5)

（　　　　）cm

③ ②のときの正方形のまい数は，全部で何まいですか。(5)

（　　　　）まい

月　　日

9 分数と小数，整数の関係
わり算と分数（1）

名前

1 5L のお茶を 6 人で等しく分けて水とうに入れます。1 人分は何 L になりますか。

① （　　）にあてはまる数を書きましょう。

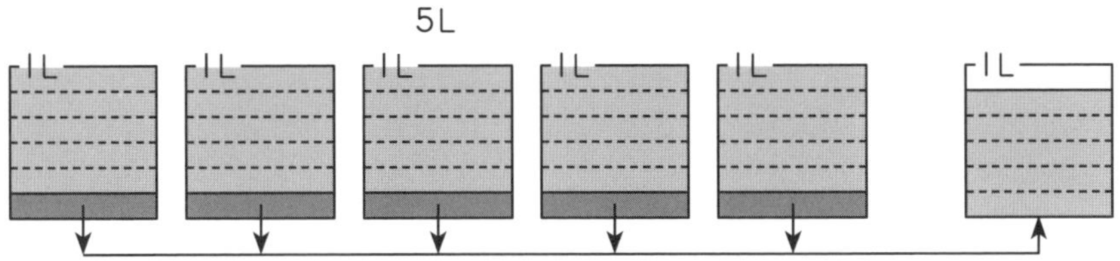

5L を（　　）L ずつ 5 つに分けて考えます。

5L を 6 等分した 1 個《こ》分は $\frac{1}{6}$L の（　　）個分になります。

だから，1 人分は（　　）L になります。

② 式と答えを書きましょう。

式

答え

2 わり算の商を分数で表しましょう。

① 3 ÷ 7 =　　② 2 ÷ 5 =

③ 11 ÷ 13 =　　④ 3 ÷ 2 =

月　　日

9 分数と小数，整数の関係
わり算と分数（2）

名前

1 わり算の商を分数で表しましょう。

① 4 ÷ 7 =　　② 8 ÷ 9 =

③ 15 ÷ 11 =　　④ 15 ÷ 8 =

2 □にあてはまる数を書きましょう。

① $\frac{4}{7}$ = 4 ÷ □　　② $\frac{1}{5}$ = □ ÷ 5

③ $\frac{5}{3}$ = □ ÷ 3　　④ $\frac{7}{3}$ = 7 ÷ □

⑤ $\frac{10}{3}$ = □ ÷ 3　　⑥ $\frac{4}{15}$ = □ ÷ 15

⑦ $\frac{5}{7}$ = □ ÷ □　　⑧ $\frac{8}{3}$ = □ ÷ □

月　日

9 分数と小数，整数の関係

わり算と分数（3）

名前

1 □にあてはまる数を書きましょう。

① $\frac{6}{7}=\square\div 7$

② $\frac{2}{9}=2\div\square$

③ $\frac{11}{6}=\square\div 6$

④ $\frac{13}{8}=13\div\square$

⑤ $\frac{2}{7}=\square\div\square$

⑥ $\frac{8}{3}=\square\div\square$

トライ

2 □にあてはまる数を書きましょう。

① $1\frac{1}{3}=4\div\square$

② $1\frac{1}{2}=\square\div 2$

③ $2\frac{\square}{4}=9\div 4$

④ $3\frac{\square}{3}=11\div 3$

⑤ $1\frac{\square}{\square}=6\div 5$

⑥ $2\frac{\square}{\square}=8\div 3$

月　日

9 分数と小数，整数の関係

分数の倍（1）

名前

1 赤のテープは 3m，白のテープは 4m です。

① 白のテープの長さをもとにすると，赤のテープの長さは何倍ですか。

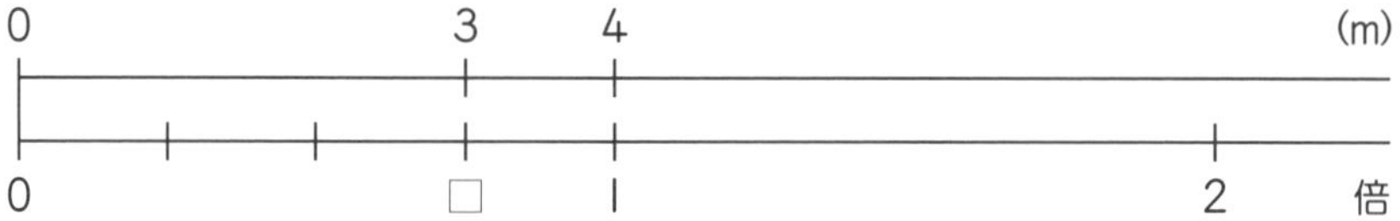

式

答え

② 赤のテープの長さをもとにすると，白のテープの長さは何倍ですか。

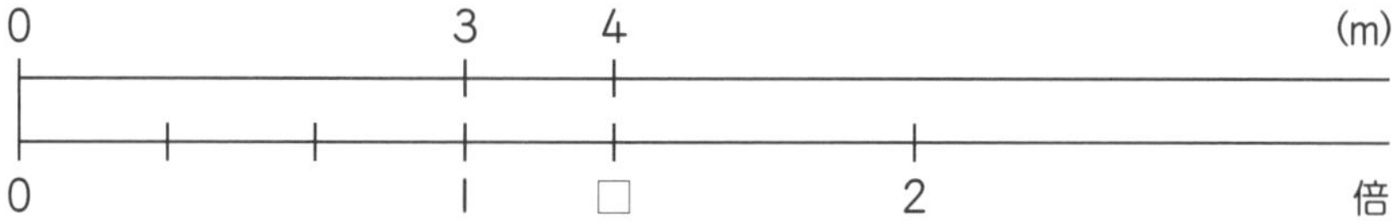

式

答え

2 飼《か》っている犬の体重は 14kg，ねこの体重は 5kg です。
ねこの体重は，犬の体重の何倍ですか。

式

答え

月　日

9 分数と小数，整数の関係

分数の倍（2）

名前

1 3m と 5m のロープがあります。

① 3m をもとにすると，5m は何倍ですか。

式

答え ________

② 5m をもとにすると，3m は何倍ですか。

式

答え ________

2 コーヒーが 6dL，牛にゅうが 7dL あります。

① 牛にゅうは，コーヒーの何倍ありますか。

式

答え ________

② コーヒーは，牛にゅうの何倍ありますか。

式

答え ________

月　日

9 分数と小数，整数の関係

分数と小数，整数の関係（1）

名前

1 分数を，小数に表す方法を考えましょう。□ にあてはまる数を書きましょう。

① $\frac{7}{2} = \square \div \square$
$= \square$

② $\frac{2}{5} = \square \div \square$
$= \square$

③ $\frac{1}{4} = \square \div \square$
$= \square$

④ $\frac{3}{8} = \square \div \square$
$= \square$

（わりきれない場合は，小数第２位を四《し》捨《しゃ》五《ご》入《にゅう》しましょう。）

⑤ $\frac{2}{3} = \square \div \square$
$= \square$

⑥ $\frac{9}{7} = \square \div \square$
$= \square$

2 次の分数を，小数で表しましょう。

① $\frac{15}{2} =$

② $\frac{14}{5} =$

③ $\frac{7}{4} =$

④ $\frac{17}{8} =$

月　　日

9 分数と小数，整数の関係

分数と小数，整数の関係（2）

名前

1 どちらが大きいですか。分数を，小数で表して大小を比《くら》べ，□にあてはまる不等号を書きましょう。

① $\frac{3}{4}$ □ 0.7

② $\frac{5}{8}$ □ 0.65

2 次の分数を，小数や整数で表しましょう。

① $\frac{9}{4}=$

② $\frac{24}{8}=$

③ $1\frac{2}{5}=$

④ $3\frac{1}{4}=$

⑤ $\frac{56}{7}=$

⑥ $3\frac{3}{8}=$

⑦ $6\frac{3}{20}=$

⑧ $10\frac{1}{4}=$

月　　日

9 分数と小数，整数の関係

分数と小数，整数の関係（3）

名前

1 次の分数を，小数や整数で表しましょう。

① $\frac{21}{6}=$

② $\frac{27}{12}=$

③ $\frac{54}{9}=$

④ $5\frac{5}{8}=$

トライ

2 どちらが大きいですか。分数を，小数で表して大小を比《くら》べ，□にあてはまる等号や不等号を書きましょう。

① $\frac{5}{8}$ □ $\frac{3}{5}$

② $2\frac{2}{5}$ □ $\frac{15}{6}$

③ $\frac{12}{4}$ □ $\frac{45}{15}$

④ $2\frac{3}{5}$ □ $\frac{21}{8}$

⑤ $\frac{4}{5}$ □ $\frac{5}{7}$

⑥ $\frac{5}{7}$ □ $\frac{8}{11}$

月　　日

9 分数と小数，整数の関係

分数と小数，整数の関係（4）

名前

1　小数を，分数で表す方法を考えましょう。□にあてはまる数を書きましょう。$\frac{1}{10}$，$\frac{1}{100}$ の何こ分かを考えましょう。

① 0.7 ➡ 0.1 ＝ $\frac{1}{\square}$ だから，0.7 ＝ □

② 0.31 ➡ 0.01 ＝ $\frac{1}{\square}$ だから，0.31 ＝ □

③ 3.27 ➡ 0.01 ＝ $\frac{1}{\square}$ だから，3.27 ＝ □

2　次の整数を，分数で表しましょう。

① 5 ＝ 5 ÷ 1 ＝ $\frac{\square}{\square}$　　② 18 ＝ 18 ÷ 1 ＝ $\frac{\square}{\square}$

3　次の小数や整数を，分数で表しましょう。
1，$\frac{1}{10}$，$\frac{1}{100}$ の何こ分かを考えましょう。

① 0.4 ＝　　② 0.51 ＝

③ 6 ＝　　④ 4.62 ＝

月　　日

9 分数と小数，整数の関係

分数と小数，整数の関係（5）

名前

1　次の小数や整数を，分数で表しましょう。
1，$\frac{1}{10}$，$\frac{1}{100}$ の何こ分かを考えましょう。

① 0.6 ＝　　② 1.6 ＝

③ 0.63 ＝　　④ 3 ＝

⑤ 15 ＝　　⑥ 2.73 ＝

⑦ 7.03 ＝　　⑧ 0.75 ＝

トライ

2　次の①〜③の小数や整数と大きさの等しい分数を，下の㋐〜㋕から選んで，□に記号を書きましょう。

① 5 □　　② 1.51 □　　③ 0.5 □

㋐ $\frac{151}{10}$	㋑ $\frac{151}{100}$	㋒ $\frac{151}{1000}$
㋓ $\frac{50}{1}$	㋔ $\frac{5}{10}$	㋕ $\frac{50}{10}$

月　日

9 ふりかえり・たしかめ (1)

分数と小数，整数の関係

名前

1 □にあてはまる数を書きましょう。

① $\frac{3}{5}=\square\div5$　② $\frac{9}{7}=9\div\square$

③ $5\div6=\frac{\square}{\square}$　④ $15\div13=\frac{\square}{\square}$

2 次の分数を，小数や整数で表しましょう。

① $\frac{3}{4}=$　② $\frac{9}{3}=$

③ $3\frac{3}{5}=$　④ $\frac{5}{8}=$

⑤ $\frac{63}{9}=$　⑥ $6\frac{1}{4}=$

3 次の小数や整数を，分数で表しましょう。

① 0.2 =　② 0.07 =

③ 1.4 =　④ 0.65 =

⑤ 3 =　⑥ 2.04 =

月　日

9 ふりかえり・たしかめ (2)

分数と小数，整数の関係

名前

1 分数で答えましょう。

① 4cm を 1 とみると，5cm はいくつにあたりますか。

式

答え

② 7L を 1 とみると，3L はいくつにあたりますか。

式

答え

③ 8kg は，12kg の何倍ですか。

式

答え

④ 12m は，16m の何倍ですか。

式

答え

2 次の分数を，小数や整数で表しましょう。

① $\frac{11}{8}=$　② $\frac{9}{5}=$

③ $\frac{60}{4}=$　④ $3\frac{1}{4}=$

3 次の小数や整数を，分数で表しましょう。

① 0.8 =　② 0.24 =

③ 15 =　④ 1.25 =

月　　日

名前

9 まとめのテスト
分数と小数，整数の関係

【知識・技能】

1 わり算の商を分数で表しましょう。(5 × 2)

① 5 ÷ 7 =

② 18 ÷ 11 =

2 次の分数を，小数や整数で表しましょう。(5 × 2)

① $\frac{5}{4}$ =

② $2\frac{7}{8}$ =

3 次の小数や整数を，分数で表しましょう。(5 × 4)

① 0.6 =　　② 0.64 =

③ 10 =　　④ 1.35 =

4 □にあてはまる不等号を書きましょう。(5 × 2)

① 1.25 □ $\frac{6}{5}$

② $\frac{5}{7}$ □ 0.7

【思考・判断・表現】

5 4L のお茶を 9 人で等しく分けます。1 人分は何 L になりますか。(5 × 2)

式

答え

6 青のリボンの長さは 3m，黒のリボンの長さは 7m です。分数で答えましょう。(5 × 4)

① 青のリボンの長さは，黒のリボンの長さの何倍ですか。

式

答え

② 黒のリボンの長さは，青のリボンの長さの何倍ですか。

式

答え

7 親犬の体重は 16kg，子犬の体重は 3kg です。親犬の体重を 1 とみると，子犬の体重はいくつにあたりますか。分数で答えましょう。(5 × 2)

式

答え

8 やかんに 5L，水とうに 2L 水が入っています。水とうの水のかさは，やかんの水のかさの何倍ですか。分数で答えましょう。(5 × 2)

式

答え

解答

児童に実施させる前に，必ず指導される方が問題を解いてください。本書の解答は，あくまでも１つの例です。指導される方の作られた解答をもとに，本書の解答例を参考に児童の多様な考えに寄り添って○つけをお願いします。

P.4

月　日

1 整数と小数
整数と小数 (1)

名前

1 □にあてはまる数を書きましょう。

① 4.627 = 1 × 4 + 0.1 × 6 + 0.01 × 2 + 0.001 × 7

② 9.385 = 1 × 9 + 0.1 × 3 + 0.01 × 8 + 0.001 × 5

③ 3.701 = 1 × 3 + 0.1 × 7 + 0.01 × 0 + 0.001 × 1

④ 4.596 = 1 × 4 + 0.1 × 5 + 0.01 × 9 + 0.001 × 6

⑤ 5.087 = 1 × 5 + 0.1 × 0 + 0.01 × 8 + 0.001 × 7

2 □にあてはまる不等号を書きましょう。

① 0 $<$ 0.01　② 2 $>$ 1.989

③ 4.08 $<$ 4.103　④ 0.12 $>$ 0.098

⑤ 5 $>$ 5.32 − 1.2　⑥ 7.69 − 0.63 $>$ 7

月　日

1 整数と小数
整数と小数 (2)

名前

1 □にあてはまる数を書きましょう。

① 7.042 = 1 × 7 + 0.1 × 0 + 0.01 × 4 + 0.001 × 2

② 0.395 = 1 × 0 + 0.1 × 3 + 0.01 × 9 + 0.001 × 5

③ 6.209 = 1 × 6 + 0.1 × 2 + 0.01 × 0 + 0.001 × 9

④ 0.386 = 1 × 0 + 0.1 × 3 + 0.01 × 8 + 0.001 × 6

2 2，4，7の数字カードが１まいずつあります。次の不等号を使った式が正しくなるように，□の中にあてはまるカードを入れましょう。

① 2.34 $<$ 2.37

② 7.43 $>$ 7.42

P.5

月　日

1 整数と小数
整数と小数 (3)

名前

1 次の数は，0.001 を何こ集めた数ですか。

① 0.006 （ 6 ）こ　② 0.075 （ 75 ）こ

③ 0.834 （834）こ　④ 1.296 （1296）こ

⑤ 7.9 （7900）こ　⑥ 3 （3000）こ

2 下の□に，右の５まいのカードをあてはめて，いろいろな大きさの数をつくりましょう。
（0 を十の位と $\frac{1}{1000}$ の位にすることはできません。）

① いちばん大きい数　96.402

② いちばん小さい数　20.469

③ 2 番めに小さい数　20.496

④ 60 にいちばん近い数　60.249

月　日

1 整数と小数
整数と小数 (4)

名前

1 0.01 を，次のこ数集めた数を書きましょう。

① 0.01 を 8 こ集めた数　（0.08）

② 0.01 を 17 こ集めた数　（0.17）

③ 0.01 を 100 こ集めた数　（ 1 ）

④ 0.01 を 320 こ集めた数　（ 3.2 ）

2 0.001 を，次のこ数集めた数を書きましょう。

① 0.001 を 38 こ集めた数　0.038

② 0.001 を 476 こ集めた数　0.476

③ 0.001 を 9378 こ集めた数　9.378

④ 0.001 を 100 こ集めた数　（ 0.1 ）

⑤ 0.001 を 270 こ集めた数　（0.27）

⑥ 0.001 を 5000 こ集めた数　（ 5 ）

P.6

月　日

1 整数と小数
整数と小数 (5)

名前

1 7.26 を 10 倍，100 倍，1000 倍した数を，表に書きましょう。

	千の位	百の位	十の位	一の位	$\frac{1}{10}$の位	$\frac{1}{100}$の位	$\frac{1}{1000}$の位
10 倍した数			7	2.	6		
100 倍した数		7	2	6			
1000 倍した数	7	2	6	0			

2 次の数を 10 倍，100 倍，1000 倍した数を求めましょう。

① 0.508

0.508 × 10 （ 5.08 ）　0.508 × 100 （ 50.8 ）　0.508 × 1000 （ 508 ）

② 0.014

0.014 × 10 （ 0.14 ）　0.014 × 100 （ 1.4 ）　0.014 × 1000 （ 14 ）

3 次の数は，それぞれ 2.18 を何倍した数ですか。

① 218　（ 100 ）倍した数

② 21.8　（ 10 ）倍した数

③ 2180　（1000）倍した数

月　日

1 整数と小数
整数と小数 (6)

名前

1 916 を $\frac{1}{10}$，$\frac{1}{100}$，$\frac{1}{1000}$ にした数を，表に書きましょう。

	千の位	百の位	十の位	一の位	$\frac{1}{10}$の位	$\frac{1}{100}$の位	$\frac{1}{1000}$の位
$\frac{1}{10}$にした数			9	1.	6		
$\frac{1}{100}$にした数				9.	1	6	
$\frac{1}{1000}$にした数				0.	9	1	6

2 次の数を $\frac{1}{10}$，$\frac{1}{100}$，$\frac{1}{1000}$ にした数を求めましょう。

① 72.4

72.4 ÷ 10 （ 7.24 ）　72.4 ÷ 100 （0.724）　72.4 ÷ 1000 0.0724

② 8.3

8.3 ÷ 10 （ 0.83 ）　8.3 ÷ 100 （0.083）　8.3 ÷ 1000 0.0083

3 次の数は，それぞれ 48.2 を何分の一にした数ですか。

① 4.82　（ $\frac{1}{10}$ ）にした数

② 0.0482　（ $\frac{1}{1000}$ ）にした数

③ 0.482　（ $\frac{1}{100}$ ）にした数

P.7

月　日

1 ふりかえり・たしかめ (1)
整数と小数

名前

1 □にあてはまる数を書きましょう。

① 592 = 100 × 5 + 10 × 9 + 1 × 2

② 7.08 = 1 × 7 + 0.1 × 0 + 0.01 × 8

③ 5.304 = 1 × 5 + 0.1 × 3 + 0.01 × 0 + 0.001 × 4

2 □にあてはまる不等号を書きましょう。

① 0.1 $>$ 0.001　② 0.98 $<$ 1.01

③ 34 $>$ 34.3 − 3　④ 26 + 0.2 $<$ 26.5

3 次の数は，0.001 を何こ集めた数ですか。

① 0.794 （794）こ　② 5.37 5370 こ

③ 8.6 8600 こ　④ 1 1000）こ

月　日

1 ふりかえり・たしかめ (2)
整数と小数

名前

1 次の数は，それぞれ 0.746 を何倍した数ですか。

① 74.6　（ 100 ）倍した数

② 7.46　（ 10 ）倍した数

③ 746　（1000）倍した数

④ 7460　10000 倍した数

2 次の数は，それぞれ 74.3 を何分の一にした数ですか。

① 0.743　（ $\frac{1}{100}$ ）にした数

② 0.0743　（ $\frac{1}{1000}$ ）にした数

③ 7.43　（ $\frac{1}{10}$ ）にした数

3 計算をしましょう。

① 276.8×10= 2768　② 3.46×100= 346

③ 0.045×1000= 45　④ 98.7×1000= 98700

⑤ 114.8÷10= 11.48　⑥ 7.26÷100= 0.0726

⑦ 53.9÷1000= 0.0539　⑧ 3.07÷1000= 0.00307

児童に実施させる前に，必ず指導される方が問題を解いてください。本書の解答は，あくまでも１つの例です。指導される方の作られた解答をもとに，本書の解答例を参考に児童の多様な考えに寄り添って○つけをお願いします。

解答

P.8

1 まとめのテスト
整数と小数

月　日　名前

【知識・技能】

1 □にあてはまる数を書きましょう。(5×2)

① 8.167 = 1 × [8] + 0.1 × [1] + 0.01 × [6] + 0.001 × [7]

② 4.936 = [1] × 4 + [0.1] × 9 + [0.01] × 3 + [0.001] × 6

2 次の数は，0.001 を何こ集めた数ですか。(5×2)

① 0.374　(374)こ

② 9.03　(9030)こ

3 次の数を書きましょう。(5×4)

① 70.23 を 100 倍した数　(7023)

② 70.23 を 1000 倍した数　(70230)

③ 70.23 を $\frac{1}{10}$ にした数　(7.023)

④ 70.23 を $\frac{1}{100}$ にした数　(0.7023)

4 計算をしましょう。(5×2)

① 2.7 × 1000 = 2700

② 4.9 ÷ 100 = 0.049

【思考・判断・表現】

5 次の数は，3.92 を何倍，または何分の一にした数ですか。(5×6)

① 392　(100倍)にした数

② 0.0392　($\frac{1}{100}$)にした数

③ 39.2　(10倍)にした数

④ 3920　(1000倍)にした数

⑤ 0.00392　($\frac{1}{1000}$)にした数

⑥ 39200　(10000倍)にした数

6 下の５まいのカードを，右の□にあてはめて，いろいろな大きさの数をつくりましょう。(5×4)

[1] [2] [4] [8] [9]

① いちばん大きい数　98.421

② ２番めに大きい数　98.412

③ いちばん小さい数　12.489

④ 50 にいちばん近い数　49.821

8

P.9

2 直方体や立方体の体積
もののかさの表し方 (1)

月　日　名前

1 (　) にあてはまることばを書きましょう。

もののかさのことを (体積) といいます。

右のように，１辺が 1cm の立方体の体積を $1cm^3$ と書いて，(立方センチメートル) と読みます。

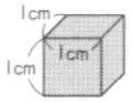

2 下のような形の体積は何 cm^3 ですか。

① 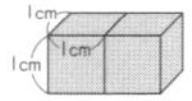

[2] cm^3

② 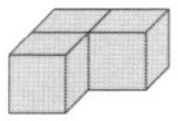
[3] cm^3

③ 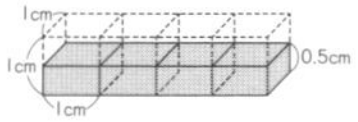

[2] cm^3

④ 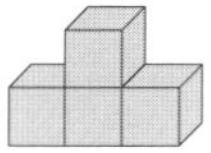
[4] cm^3

2 直方体や立方体の体積
もののかさの表し方 (2)

月　日　名前

● $1cm^3$ が何こあるかを調べて，体積を求めましょう。

① 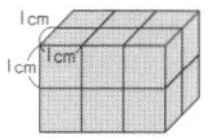

$1cm^3$ のこ数を求める式　2×3×2=12

$1cm^3$ が [12] こで，[12] cm^3

② 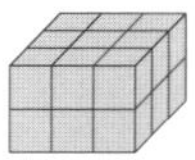
$1cm^3$ のこ数を求める式　3×3×2=18

$1cm^3$ が [18] こで，[18] cm^3

③ 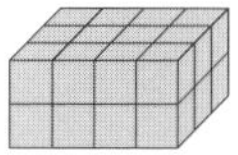
$1cm^3$ のこ数を求める式　3×4×2=24

$1cm^3$ が [24] こで，[24] cm^3

④ 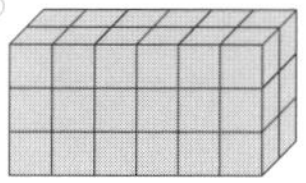
$1cm^3$ のこ数を求める式　2×6×3=36

$1cm^3$ が [36] こで，[36] cm^3

9

P.10

2 直方体や立方体の体積
もののかさの表し方 (3)

月　日　名前

1 直方体や立方体を求める公式を書きましょう。

直方体の体積＝	たて×横×高さ
立方体の体積＝	1辺×1辺×1辺

2 下のような形の体積は何 cm^3 ですか。

① 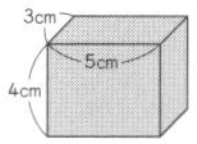

式 3×5×4=60

答え 60cm^3

② 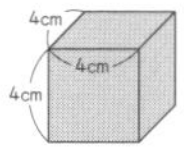

式 4×4×4=64

答え 64cm^3

③ 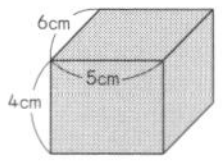

式 6×5×4=120

答え 120cm^3

④ 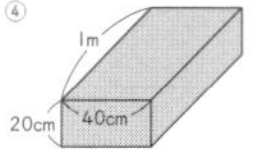

式 1m=100cm

100×40×20=80000

答え 80000cm^3

2 直方体や立方体の体積
もののかさの表し方 (4)

月　日　名前

1 下の直方体や立方体の体積は何 cm^3 ですか。

① 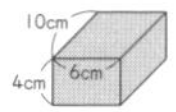

式 10×6×4=240

答え 240cm^3

② 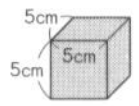

式 5×5×5=125

答え 125cm^3

③ 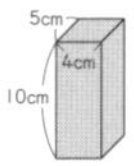

式 5×4×10=200

答え 200cm^3

④ 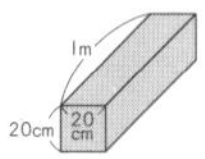

式 1m=100cm

100×20×20=40000

答え 40000cm^3

2 下の図は直方体の展開図《てんかいず》です。この直方体の体積を求めましょう。

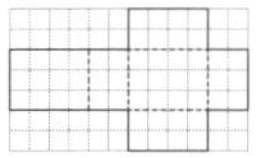

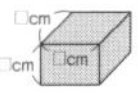

式 3×4×2=24

答え 24cm^3

10

P.11

2 直方体や立方体の体積
もののかさの表し方 (5)

月　日　名前

● 体積が分かっている直方体で，□にあてはまる数を，求めましょう。

① 体積 96cm^3

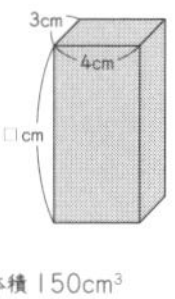

式 (例) 96÷4÷3=8

答え 8

② 体積 150cm^3

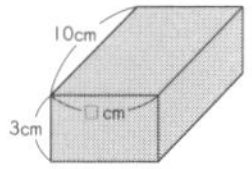

式 (例) 150÷10÷3=5

答え 5

③ 体積 192cm^3

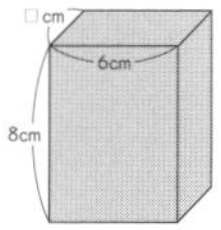

式 (例) 192÷8÷6=4

答え 4

2 直方体や立方体の体積
もののかさの表し方 (6)

月　日　名前

● 下のような形の体積を，㋐，㋑の２つの方法で求めましょう。

㋐ 点線で２つの直方体に分けて求めましょう。

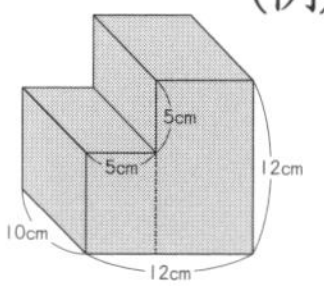

(例) 12−5=7

10×5×7=350

10×7×12=840

350+840

=1190

答え 1190cm^3

㋑ 点線の部分もあると考え，あとでひいて求めましょう。

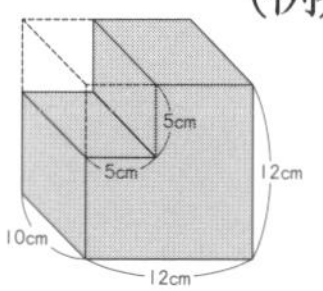

(例) 10×12×12

=1440

10×5×5=250

1440−250

=1190

答え 1190cm^3

11

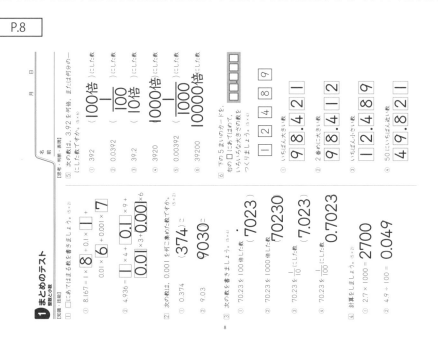

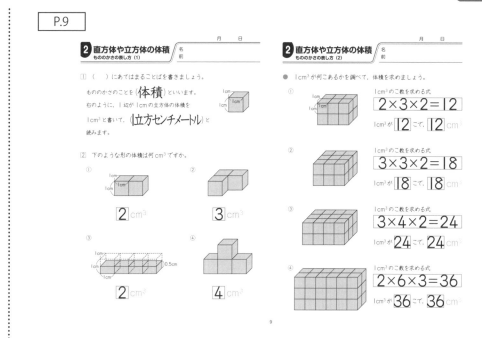

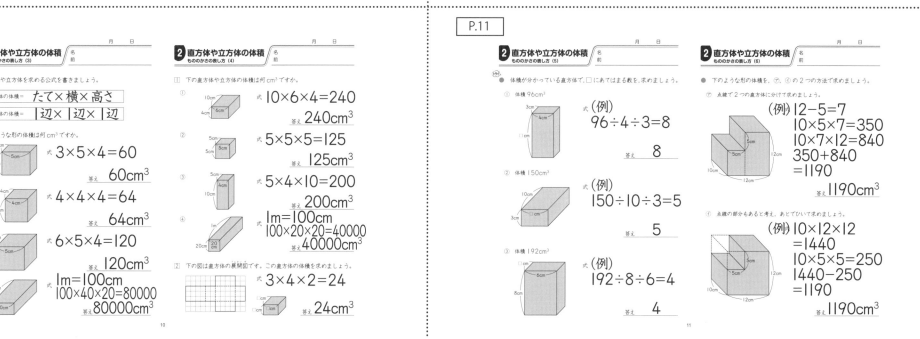

解答 児童に実施させる前に，必ず指導される方が問題を解いてください。本書の解答は，あくまでも１つの例です。指導される方の作られた解答をもとに，本書の解答例を参考に児童の多様な考えに寄り添って○つけをお願いします。

P.12

2 直方体や立方体の体積
ものの かさの表し方（7）

月　日　名前

● 下のような形の体積を求めましょう。

①

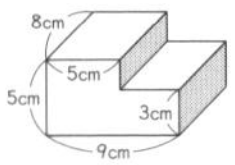

式 (例)$8\times5\times5=200$
$9-5=4$
$8\times4\times3=96$
$200+96=296$

答え 296cm^3

②

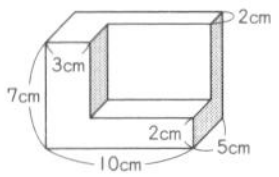

式 (例)$5\times10\times7=350$
$5-2=3, 10-3=7, 7-2=5$
$3\times7\times5=105$
$350-105=245$

答え 245cm^3

③

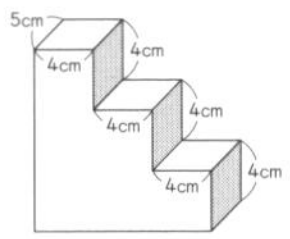

式 (例)
$5\times4\times4=80$
$80\times6=480$

答え 480cm^3

12

2 直方体や立方体の体積
ものの かさの表し方（8）

月　日　名前

トライ

● 右のような形の体積を求めるために，①〜④の式を考えました。
①〜④の式の考えに合う図を，下の㋐〜㋓から選んで □ に記号を書きましょう。

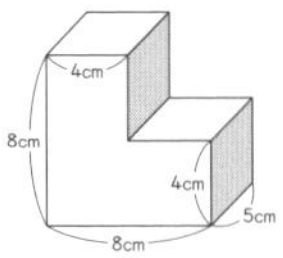

① $5\times4\times4=80$
$5\times8\times4=160$
$80+160=240$
㋑

② $5\times4\times8=160$
$5\times4\times4=80$
$160+80=240$
㋓

③ $5\times8\times8=320$
$5\times4\times4=80$
$320-80=240$
㋐

④ $5\times4\times4=80$
$80\times3=240$
㋒

㋐

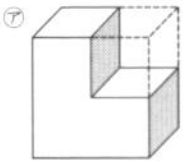

㋑

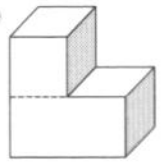

㋒

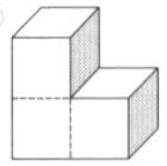

㋓

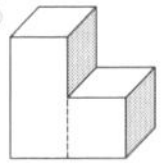

P.13

2 直方体や立方体の体積
いろいろな体積の単位（1）

月　日　名前

1 右のような１辺が１mの立方体の体積を１m^{3}と書いて何と読みますか。
読みを書きましょう。

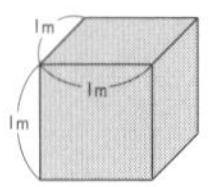

１立方メートル

2 １m^{3}は，何cm^{3}ですか。□にあてはまる数を書きましょう。

１m^3 = １m × １m × １m

１mは100cmだから

１m^3 = 100 cm × 100 cm × 100 cm

１m^3 = 1000000 cm^3

3 （　）にあてはまる数を書きましょう。

① 2m^3 =（2000000）cm^3

② 10m^3 =（10000000）cm^3

③ 3000000cm^3 =（3）m^3

④ 5000000cm^3 =（5）m^3

2 直方体や立方体の体積
いろいろな体積の単位（2）

月　日　名前

● 下の直方体や立方体の体積は何m^{3}ですか。

①

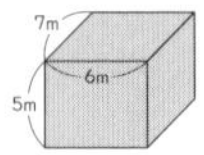

式 $7\times6\times5=210$

答え 210m^3

②

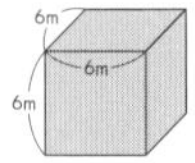

式 $6\times6\times6=216$

答え 216m^3

③

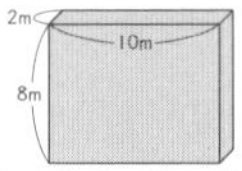

式 $2\times10\times8=160$

答え 160m^3

④

式 $4\times1\times1=4$

答え 4m^3

⑤

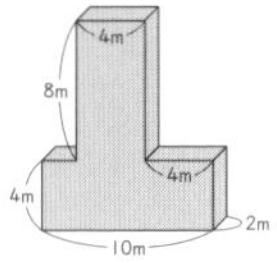

式 (例)
$2\times4\times8=64$
$2\times10\times4=80$
$64+80=144$

答え 144m^3

13

P.14

2 直方体や立方体の体積
いろいろな体積の単位（3）

月　日　名前

● 厚《あつ》さ１cmの板で，右のような直方体の形をした入れ物を作りました。
下の問いに答えましょう。

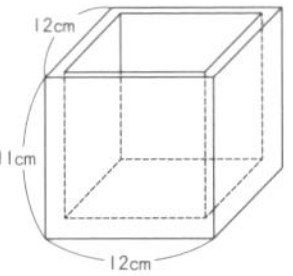

① 水が入る内側の長さ（内のり）を求めましょう。

たて　12 − 2 = 10 (cm)

横　12 − 2 = 10 (cm)

深さ　11 − 1 = 10 (cm)

② この入れ物の中に，いっぱいに水を入れたときの水の体積（容積《ようせき》）は何cm^{3}ですか。

式 $10\times10\times10=1000$

答え 1000cm^3

③ この入れ物に入る水のかさは，何Lですか。

（1L）

14

2 直方体や立方体の体積
いろいろな体積の単位（4）

月　日　名前

● 厚《あつ》さ１cmの板で，右のような直方体の形をした入れ物を作りました。
下の問いに答えましょう。

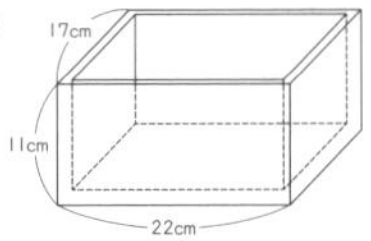

① 内のりのたて，横，深さはそれぞれ何cmですか。

たて
式 $17-2=15$　答え 15cm

横
式 $22-2=20$　答え 20cm

深さ
式 $11-1=10$　答え 10cm

② この入れ物の容積《ようせき》は何cm^{3}ですか。

式 $15\times20\times10=3000$

答え 3000cm^3

③ この入れ物の容積は何Lですか。

（3L）

P.15

2 直方体や立方体の体積
いろいろな体積の単位（5）

月　日　名前

● 下の水そうの容積《ようせき》は何cm^{3}ですか。また，何Lですか。

① 長さは内のり

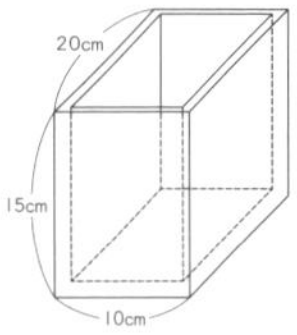

式
$20\times10\times15$
$=3000$

答え 3000cm^3，3L

② 板の厚《あつ》さは１cm

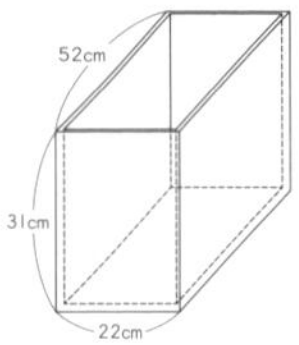

式
$52-2=50$
$22-2=20$
$31-1=30$
$50\times20\times30$
$=30000$

内のりのたて，横，深さは何cmかな。

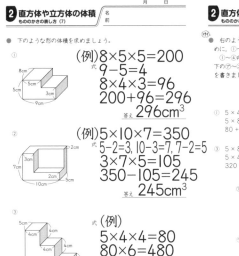

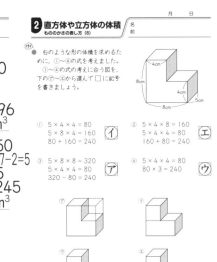

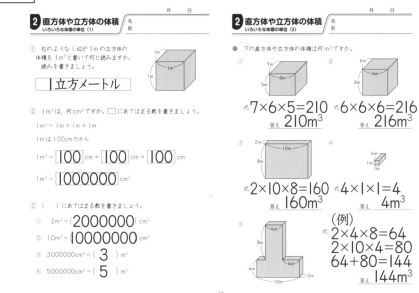

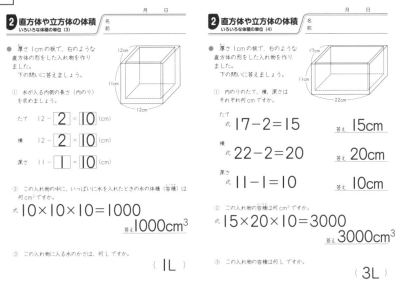

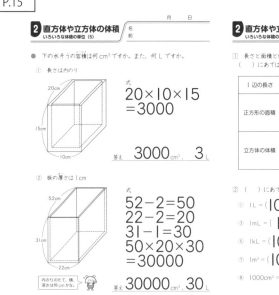

答え 30000cm^3，30L

15

2 直方体や立方体の体積
いろいろな体積の単位（6）

月　日　名前

1 長さと面積と体積の単位の関係を表に整理します。
（　）にあてはまる数を，□にあてはまる単位を書きましょう。

１辺の長さ	１cm	10cm	１m
正方形の面積	１cm^2	100cm^2	１m^2
立方体の体積	１cm^3 （1）mL	1000cm^3 （1）L	１m^3 （1）kL

2 （　）にあてはまる数を書きましょう。

① １L =（1000）cm^3　② １L =（1000）mL

③ １mL =（1）cm^3　④ １m^3 =（1000）L

⑤ １kL =（1000）L　⑥ １kL =（1）m^3

⑦ １m^3 =（1000000）cm^3

⑧ 1000cm^3 =（1000）mL =（1）L

P.16

2 直方体や立方体の体積
いろいろな体積の単位 (7)

月　日　名前

● 下の図のような水そうがあります。(長さは内のりです。)

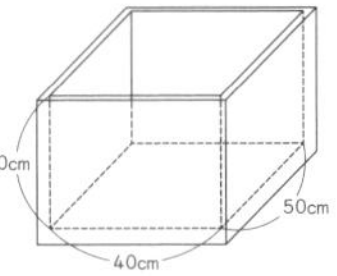

① この水そうの容積《ようせき》は，何 cm^3 ですか。

式 50×40×30=60000

答え $60000cm^3$

トライ ② この水そうに 24L の水を入れると，水の深さは何 cm になりますか。

式 (例)$24L=24000cm^3$
24000÷(50×40)
=12

答え 12cm

トライ ③ 水そういっぱいにするには，水をあと何 L 入れればよいですか。

式 (例)50×40×(30−12)=36000
$36000cm^3=36L$

答え 36L

16

2 ふりかえり・たしかめ (1)
直方体や立方体の体積

月　日　名前

[1] 下の立方体や直方体の体積は何 cm^3 ですか。

①

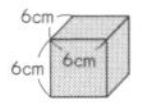

式 6×6×6=216

答え $216cm^3$

②

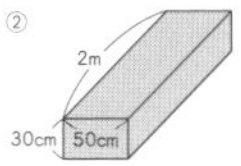

式 2m=200cm
200×50×30=300000

答え $300000cm^3$

[2] 右のような形の体積を，㋐，㋑の式で求めました。どのように考えたのかを，図に線をかいて説明しましょう。

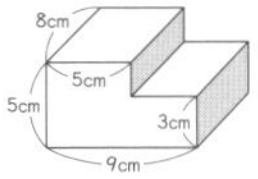

㋐ 8×5×5＋8×4×3

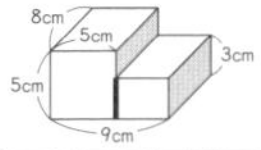

図のように，左右2つの直方体に分けて求めてから，合わせている。

㋑ 8×5×2＋8×9×3

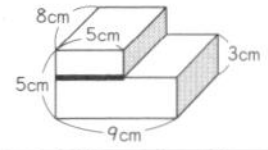

図のように，上下2つの直方体に分けて求めてから，合わせている。

P.17

2 ふりかえり・たしかめ (2)
直方体や立方体の体積

月　日　名前

[1] 下のような形の体積を求めましょう。

①

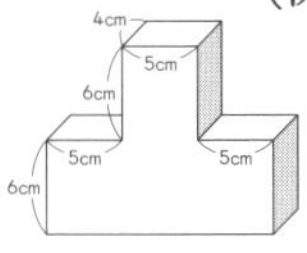

式 (例)4×5×6=120
4×(5×3)×6
=360
120+360=480

答え $480cm^3$

②

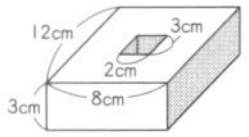

式 (例)
12×8×3=288
3×2×3=18
288−18=270

答え $270cm^3$

[2] 下の直方体の体積は何 m^3 ですか。また，何 cm^3 ですか。

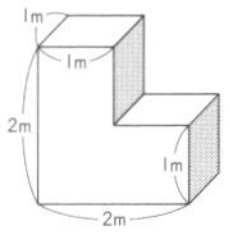

式 (例)1×1×1=1
1×3=3

答え 3 m^3，3000000 cm^3

17

2 ふりかえり・たしかめ (3)
直方体や立方体の体積

月　日　名前

● 厚さ 1cm の板で作った右のような入れ物があります。

① 入れ物の容積《ようせき》は何 cm^3 ですか。
また，何 L ですか。

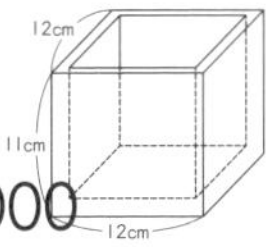

式 12−2=10
11−1=10
10×10×10=1000

答え 1000 cm^3，1 L

② 入れ物に，深さ 6cm まで水を入れました。
水を何 cm^3 入れましたか。

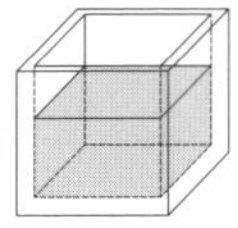

式 10×10×6=600

答え $600cm^3$

③ ②のように，水が入っているところに石を入れると，2cm 水面が上がりました。
石の体積は何 cm^3 ですか。

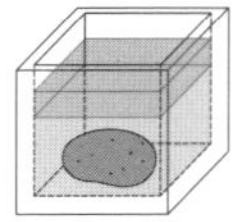

式 10×10×2=200

答え $200cm^3$

P.18

2 まとめのテスト
直方体や立方体の体積

月　日　名前

【知識・技能】

[1] 次の直方体や立方体の体積を求めましょう。(5×8)

①

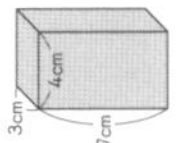

式 3×4×7
=84

答え $84cm^3$

②

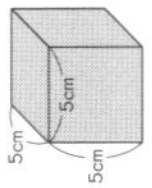

式 5×5×5
=125

答え $125cm^3$

③

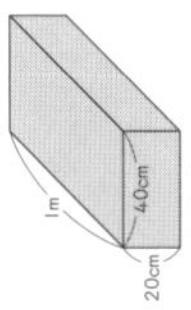

式 1m=100cm
100×40×20=80000

答え $80000cm^3$

④

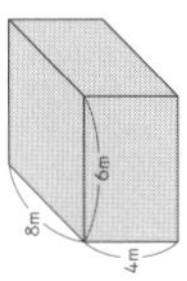

式 8×6×4=192

答え $192m^3$

[2] (　)にあてはまる数を書きましょう。(5×2)

① 1L =(1000) cm^3

② $1m^3$ =(1000) L

【思考・判断・表現】

[3] 右のような形の体積を求めましょう。(5×2)

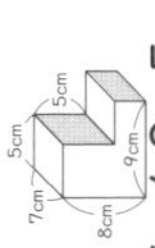

式 (例)9−5=4,8−5=3
7×5×8+7×4×3=364

答え $364cm^3$

[4] 右の展開図《てんかいず》を組み立ててできる直方体の体積を求めましょう。(5×2)

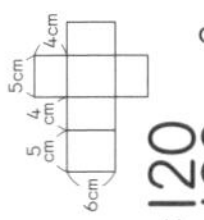

式 5×6×4=120

答え $120cm^3$

[5] 右の直方体の□にあてはまる数を求めましょう。(5×2)

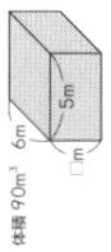

式 (例)90÷(6×5)=3

答え 3

[6] 厚さ 1cm の板で，右のような直方体の形をした入れ物を作りました。(5×4)

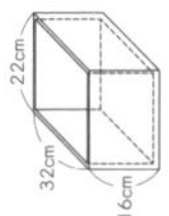

① この入れ物の容積《ようせき》は何 cm^3 ですか。

式 32−2=30, 22−2=20, 16−1=15
30×20×15
=9000

答え $9000cm^3$

② この入れ物にバケツで 3L ずつ水を入れると，何ばいでいっぱいになりますか。

式 $9000cm^3=9L$
9÷3=3

答え 3ばい

18

P.19

3 比例
比例 (1)

月　日　名前

● 下の図のように，直方体の高さが 1cm，2cm，3cm，…と変わると，それにともなって体積はどのように変わりますか。

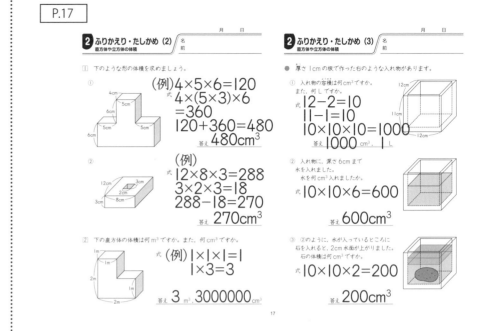

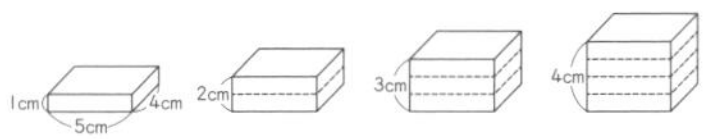

① 高さ □cm が 2cm，3cm，…のとき，体積 ○cm^3 は何 cm^3 になりますか。下の表にまとめましょう。
あいているところに数字を書きましょう。

高さ □(cm)	1	2	3	4	5	6	7	8
体積 ○(cm^3)	20	40	60	80	100	120	140	160

② 高さ □cm が 2 倍，3 倍になると，体積 ○cm^3 はどのように変わりますか。

(　2倍，3倍になる。　)

③ 2 つの量，□ と ○ はどのような関係になっていますか。
(　) にあてはまることばを書きましょう。

○は□に(比例)する。

19

3 比例
比例 (2)

月　日　名前

● 下の表は，ある直方体の高さ □cm と体積 ○cm^3 の関係をまとめたものです。表をみて下の問いに答えましょう。

①

高さ □(cm)	1	2	3	4	5	6	7	8
体積 ○(cm^3)	40	80	120		200	240	280	320

㋐ 高さが 4cm のときの体積は，何 cm^3 ですか。

式 (例)40×4=160

答え $160cm^3$

㋑ 高さが 20cm のときの体積は，何 cm^3 ですか。

式 (例)40×20=800

答え $800cm^3$

②

高さ □(cm)	1	2	3	4	5	6	7	8
体積 ○(cm^3)	30	60	90	120	150	180	210	240

高さが 40cm のときの体積は，何 cm^3 ですか。

式 (例)30×40=1200

答え $1200cm^3$

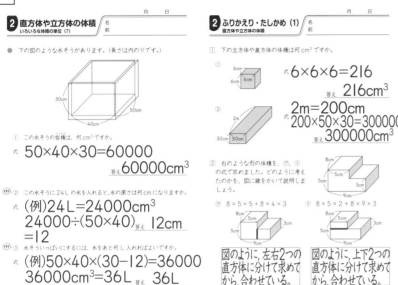

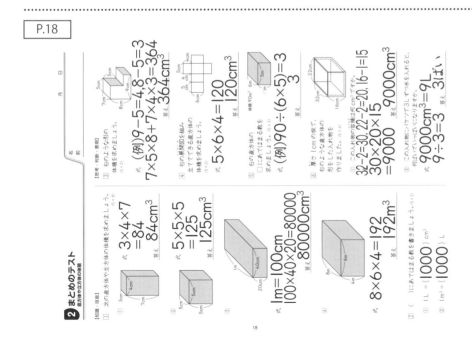

解答

児童に実施させる前に，必ず指導される方が問題を解いてください。本書の解答は，あくまでも１つの例です。指導される方の作られた解答をもとに，本書の解答例を参考に児童の多様な考えに寄り添って○つけをお願いします。

P.20

3 比例
比例 (3)

月　日
名前

● 次の，ともなって変わる２つの量で，○は□に比例《ひれい》していますか。表を完成させて，「比例している」，「比例していない」のどちらかに ◯ をつけましょう。

① たての長さが 5cm の長方形の横の長さ □cm と，面積 ○ cm^2

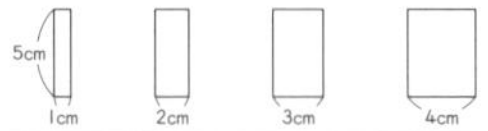

横の長さ □(cm)	1	2	3	4	5	6	7	8
面　積 ○(cm^2)	5	10	15	20	25	30	35	40

（ **比例している**（○）　比例していない ）

② 1本30円のひごを □本買ったときの，代金 ○円

ひごの数 □(本)	1	2	3	4	5	6	7	8
代　金 ○(円)	30	60	90	120	150	180	210	240

（ **比例している**（○）　比例していない ）

③ 1本30円のひごを □本と，60円のねん土を1個買ったときの，代金 ○円

ひごの数 □(本)	1	2	3	4	5	6	7	8
代　金 ○(円)	90	120	150	180	210	240	270	300

（ 比例している　**比例していない**（○） ）

3 比例
比例 (4)

月　日
名前

● 次の，ともなって変わる２つの量で，○は□に比例《ひれい》していますか。表を完成させて，「比例している」，「比例していない」のどちらかに◯をつけましょう。

① 1個80円のだんごを □個と，60円のお茶を1本買ったときの，代金 ○円

だんごの数 □(個)	1	2	3	4	5	6	7	8
代　金 ○(円)	140	220	300	380	460	540	620	700

（ 比例している　**比例していない**（○） ）

② 1辺の長さが □cm の正方形のまわりの長さ ○cm

1辺の長さ □(cm)	1	2	3	4	5	6	7	8
まわりの長さ ○(cm)	4	8	12	16	20	24	28	32

（ **比例している**（○）　比例していない ）

③ 厚《あつ》さ 6cm の辞典を □さつ積み上げたときの，全体の高さ ○cm

辞典の数 □(さつ)	1	2	3	4	5	6	7	8
全体の高さ ○(cm)	6	12	18	24	30	36	42	48

（ **比例している**（○）　比例していない ）

P.21

3 比例
比例 (5)

月　日
名前

● 1m のねだんが 60円のテープがあります。買う長さが 1m，2m，3m，…と変わると，それにともなって代金はどのように変わりますか。

① 表を完成させて，比例《ひれい》していることをたしかめましょう。

長　さ □(m)	1	2	3	4	5	6	7	8
代　金 ○(円)	60	120	180	240	300	360	420	480

どちらか ◯ をしよう　（ **比例している**（○）　比例していない ）

② 数直線の図を見て，次の長さのときの代金を求めましょう。

㋐ 12m では

式 $60 \times 12 = 720$

答え 720円

㋑ 21m では

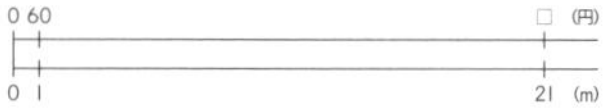

式 $60 \times 21 = 1260$

答え 1260円

3 比例
比例 (6)

月　日
名前

● 1m の重さが 15g のはり金があります。長さが 1m，2m，3m，…と変わると，それにともなって重さはどのように変わりますか。

① 表を完成させて，比例《ひれい》していることをたしかめましょう。

長　さ □(m)	1	2	3	4	5	6	7	8
重　さ ○(g)	15	30	45	60	75	90	105	120

どちらか ◯ をしよう　（ **比例している**（○）　比例していない ）

② 数直線の図を見て，次の長さのときの重さを求めましょう。

㋐ 9m では

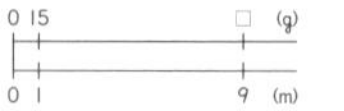

式 $15 \times 9 = 135$

答え 135g

㋑ 23m では

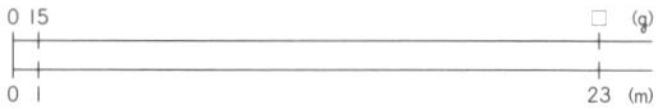

式 $15 \times 23 = 345$

答え 345g

P.22

3 ふりかえり・たしかめ (1)
比例

月　日
名前

1 水そうに1分間に 3L ずつ水を入れます。

① 水を入れる時間を □分，水そう全部の水の量を ○L として表にまとめましょう。

時　間 □(分)	1	2	3	4	5	6	7	8
水の量 ○(L)	3	6	9	12	15	18	21	24

② 比例《ひれい》していますか。　（ 比例している。 ）

③ 12分間水を入れると，水の量は何 L になりますか。

式 $3 \times 12 = 36$

答え 36L

2 8L の水が入った水そうに，水を1分間に 3L ずつ入れます。

① 水を入れる時間を □分，水そう全部の水の量を ○L として表にまとめましょう。

時　間 □(分)	1	2	3	4	5	6	7	8
水の量 ○(L)	11	14	17	20	23	26	29	32

② 比例していますか。　（ 比例していない。 ）

3 ふりかえり・たしかめ (2)
比例

月　日
名前

● ビルの階だんについて調べました。
階だん1だんの高さは 16cm です。階だんの数が1だん，2だん，…と変わると，それにともなって高さはどのように変わりますか。

① 階だんの数を □だん，高さを ○cm として表を完成しましょう。

階だんの数 □(だん)	1	2	3	4	5	6	7	8
高　さ ○(cm)	16	32	48	64	80	96	112	128

② 高さ ○cm は，階だんの数 □だんに比例《ひれい》していますか。

（ 比例している。 ）

③ □と○の関係を式に表します。（　）にあてはまる数を書きましょう。

○ ＝（ 16 ）× □

④ 54だんでは何 cm になりますか。

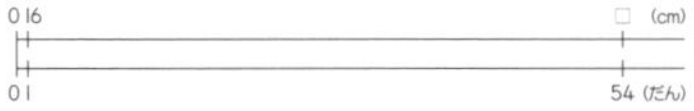

式 $16 \times 54 = 864$

答え 864cm

P.23

3 まとめのテスト
比例

月　日
名前

【知識・技能】

1 高さ 3cm の積み木を1個，2個，…と積んでいくとそれにともなって全体の高さはどのように変わりますか。

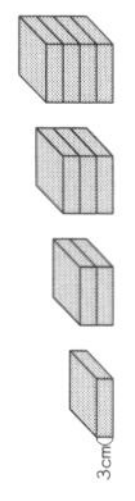

① 積み木の数を □個，全体の高さを ○cm として，下の表にまとめましょう。(5×3)

積み木の数 □(個)	1	2	3	4	5	6
全体の高さ ○(cm)	3	6	9	12	15	18

② □個と，○cm の関係について，（　）にあてはまることばや数を書きましょう。(5×3)

□が2倍，3倍，…になると，それにともなって○も（ 2 ）倍，（ 3 ）倍，…になります。
このようなとき，「○は□に（ 比例 ）する」といいます。

③ 積み木の数が 14個のときの，全体の高さは何 cm ですか。(10×2)

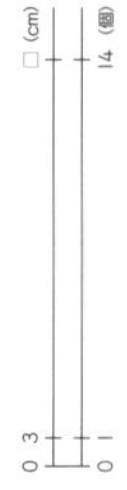

式 $3 \times 14 = 42$

答え 42cm

【思考・判断・表現】

2 200g の入れ物に1個 300g のボールを入れます。
ボールを □個入れたときの，全体の重さを ○g とします。

① 表を完成させましょう。(10)

ボールの数 □(個)	1	2	3	4	5	6
全体の重さ ○(g)	500	800	1100	1400	1700	2000

② 全体の重さ ○g は，ボールの数 □個に比例《ひれい》していますか。(5)

（ 比例していない。 ）

3 1辺の長さが □cm の正方形のまわりの長さを ○cm とします。

① 表を完成させましょう。(10)

1辺の長さ □(cm)	1	2	3	4	5	6
まわりの長さ ○(cm)	4	8	12	16	20	24

② まわりの長さ ○cm は，1辺の長さ □cm に比例していますか。(5)

（ 比例している。 ）

③ □と○の関係を式に表しましょう。(10)

○ ＝ □×4

④ 1辺の長さが 18cm のとき，まわりの長さは何 cm ですか。(5×2)

式 $18 \times 4 = 72$

答え 72cm

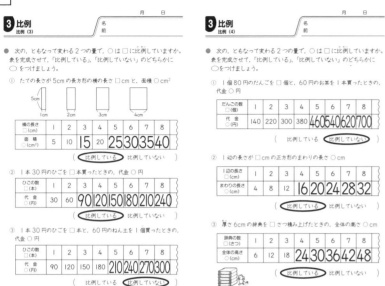

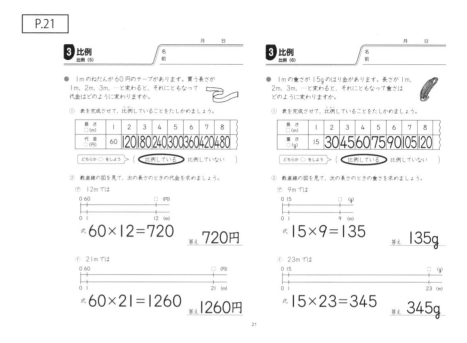

児童に実施させる前に，必ず指導される方が問題を解いてください。本書の解答は，あくまでも１つの例です。指導される方の作られた解答をもとに，本書の解答例を参考に児童の多様な考えに寄り添って○つけをお願いします。

解答

P.24

月　日

4 小数のかけ算
小数のかけ算（1）

名前

Ｉmのねだんが１２０円のロープがあります。
このロープを，2m，3m，2.4m買うときの
代金を求めましょう。

① どんな式をたてればよいですか。

2mでは
式 120×2

3mでは
式 120×3

2.4mでは
式 120×2.4

② 下の数直線の（　）にあてはまる数を書きましょう。

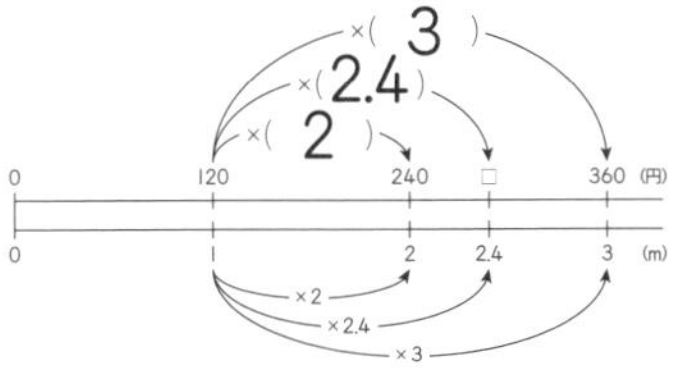

③ 120×2.4の計算のしかたを考えます。（　）にあてはまる数を書きましょう。

Aさんの考え方
2.4mは0.1mの24こ分だから，0.1mのねだんを24倍する。

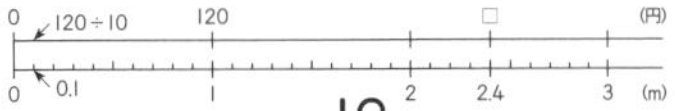

0.1mのねだん　120÷10＝(12)
2.4mの代金　(120÷10)×(24)
120×2.4＝120÷10×(24)
＝(288)

答え 288円

Bさんの考え方
ロープの長さが10倍になると代金も10倍になるから。

24mのねだん　120×24
2.4mは24mの $\frac{1}{10}$ だから　2.4mの代金　120×24÷(10)
120×2.4＝120×24÷(10)
＝(288)

答え 288円

④ 答えを書きましょう。
2m(240円)　3m(360円)　2.4m(288円)

24

P.25

月　日

4 小数のかけ算
小数のかけ算（2）

名前

1 Ｉmの重さが160gのひもがあります。
このひも1.7mの重さは何gですか。

① 0.1mの重さを求めましょう。
式 160÷10＝16
答え 16g

② ①で求めた答えを17倍して，1.7mの重さを求めましょう。
式 16×17＝272
答え 272g

2 ＩLのねだんが250円のジュースがあります。
このジュース3.2Lのねだんを求めましょう。

① 0.1Lのねだんを求めましょう。
式 250÷10＝25
答え 25円

② ①で求めた答えを32倍して，3.2Lのねだんを求めましょう。
式 25×32＝800
答え 800円

25

月　日

4 小数のかけ算
小数のかけ算（3）

名前

1 Ｉmの重さが1.86kgのパイプがあります。
このパイプ4.2mの重さは何kgですか。

① 式を書きましょう。　(1.86×4.2)

② 計算のしかたを考えます。□にあてはまる数を書きましょう。

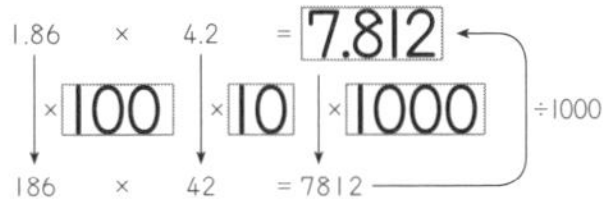

答え 7.812 kg

2 4.32×2.3の計算をします。□にあてはまる数を書きましょう。

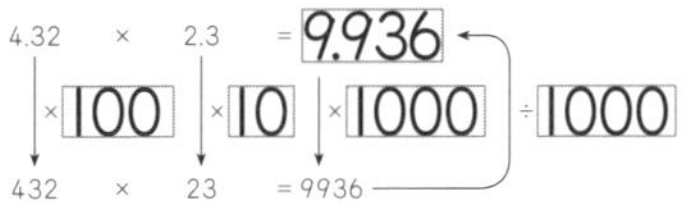

P.26

月　日

4 小数のかけ算
小数のかけ算（4）

名前

1 筆算のしかたを考えます。□にあてはまる数を書きましょう。

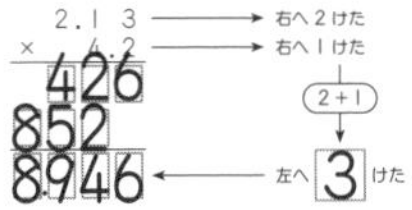

2 答えの見当をつけてから，筆算で計算しましょう。

① 5.48×6.2　33.976
② 9.76×3.4　33.184
③ 7.64×8.7　66.468
④ 3.7×4.5　16.65
⑤ 24.6×8.03　197.538
⑥ 4.53×2.07　9.3771
⑦ 94×6.4　601.6
⑧ 86×7.9　679.4
⑨ 912×3.8　3465.6

月　日

4 小数のかけ算
小数のかけ算（5）

名前

1 362×73＝26426をもとにして，次の積を求めましょう。

① 36.2×7.3
＝264.26

② 3.62×7.3
＝26.426

③ 3.62×73
＝264.26

④ 36.2×73
＝2642.6

2 答えの見当をつけてから，筆算で計算しましょう。

① 2.15×3.7　7.955
② 1.93×8.9　17.177
③ 7.23×3.5　25.305
④ 6.1×5.3　32.33
⑤ 4.7×8.6　40.42
⑥ 3.7×8.9　32.93
⑦ 84×2.3　193.2
⑧ 93×2.7　251.1
⑨ 754×6.8　5127.2

26

P.27

月　日

4 小数のかけ算
小数のかけ算（6）

名前

1 正しい積になるように，積に小数点をうちましょう。

①
　2.6
×3.4
　104
　78
　8.84

②
　　5.43
×　7.6
　3258
3801
41.268

③
　　3.94
×　87
　2758
3152
342.78

2 答えの見当をつけてから，筆算で計算しましょう。

① 5.25×5.3　27.825
② 8.97×4.2　37.674
③ 2.34×3.7　8.658
④ 8.1×1.4　11.34
⑤ 6.9×5.4　37.26
⑥ 7.3×3.9　28.47
⑦ 864×3.1　2678.4
⑧ 62.9×2.8　176.12
⑨ 938×4.6　4314.8

月　日

4 小数のかけ算
小数のかけ算（7）

名前

トライ
1 積が，46.3×2.9の答えと同じになる式を，㋐～㋒から選んで，（　）に記号を書きましょう。

㋐ 46.3×29　㋑ 4.63×29　㋒ 4.63×2.9

(㋑)

2 答えの見当をつけてから，筆算で計算しましょう。

① 6.55×9.3　60.915
② 1.23×9.8　12.054
③ 4.24×4.6　19.504
④ 1.3×6.5　8.45
⑤ 8.8×4.3　37.84
⑥ 3.2×5.4　17.28
⑦ 706×8.3　5859.8
⑧ 804×5.9　4743.6
⑨ 60.4×5.1　308.04

27

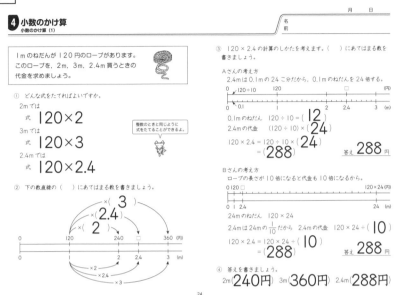

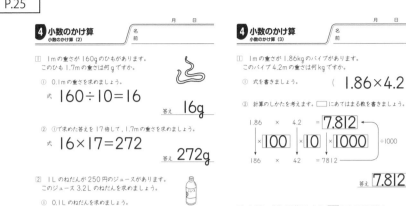

解答

児童に実施させる前に，必ず指導される方が問題を解いてください。本書の解答は，あくまでも１つの例です。指導される方の作られた解答をもとに，本書の解答例を参考に児童の多様な考えに寄り添って○つけをお願いします。

P.28

4 小数のかけ算　小数のかけ算（8）
月　日　名前

[1] 下の計算をして，右の筆算とどこがちがうか書きましょう。

① 7.65 × 2.6　19.89~~0~~

② 0.24 × 3.1　0.744

（右の筆算）5.43 × 7.6 → 3258, 3801 → 41.268

① 小数点以下の最後の0を消すところ

② 一の位に0をつけたすところ

[2] 筆算で計算しましょう。

① 2.34 × 2.5　5.85~~0~~	② 72.5 × 3.2　232.~~00~~	③ 6.8 × 5.5　37.4~~0~~
④ 0.27 × 1.4　0.378	⑤ 0.18 × 4.7　0.846	⑥ 0.26 × 2.5　0.65~~0~~

4 小数のかけ算　小数のかけ算（9）
月　日　名前

① 31.5 × 2.6　81.9~~0~~	② 36 × 7.5　270.~~0~~	③ 12.5 × 4.8　60.~~00~~
④ 0.48 × 1.2　0.576	⑤ 0.12 × 7.3　0.876	⑥ 0.28 × 2.5　0.7~~00~~
⑦ 3.52 × 4.7　16.544	⑧ 91.3 × 7.8　712.14	⑨ 0.98 × 6.5　6.37~~0~~
⑩ 0.23 × 4.5　1.035	⑪ 473 × 8.6　4067.8	⑫ 2.64 × 2.13　5.6232

P.29

4 小数のかけ算　小数のかけ算（10）
月　日　名前

[1] 1mの重さが50gのはり金があります。次の長さのときの重さを求めましょう。

㋐ 1.2mのとき

式 50×1.2=60　答え 60g

㋑ 0.8mのとき

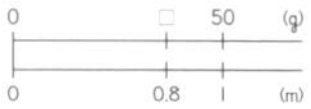

式 50×0.8=40　答え 40g

1より小さい数をかけると，「積＜かけられる数」となるね。

[2] 筆算で計算しましょう。

① 7.4 × 0.9　6.66	② 34.8 × 0.6　20.88	③ 0.8 × 0.7　0.56
④ 5.6 × 0.3　1.68	⑤ 0.06 × 0.4　0.024	⑥ 2.5 × 0.4　1.~~00~~

4 小数のかけ算　小数のかけ算（11）
月　日　名前

[1] 積が，7より小さくなるのはどれですか。（　）に記号を書きましょう。

㋐ 7 × 0.7　㋑ 7 × 1.3　㋒ 7 × 2.1

㋓ 7 × 0.94　㋔ 7 × 1.08

（㋐）（㋓）

[2] 筆算で計算しましょう。

① 7.8 × 0.8　6.24	② 21.6 × 0.7　15.12	③ 0.7 × 0.9　0.63
④ 0.4 × 0.02　0.008	⑤ 0.6 × 0.5　0.3~~0~~	⑥ 1.25 × 0.8　1.~~000~~
⑦ 5.6 × 0.6　3.36	⑧ 2.46 × 0.8　1.968	⑨ 0.04 × 0.3　0.012

P.30

4 小数のかけ算　小数のかけ算（12）
月　日　名前

① 0.8 × 0.5　0.4~~0~~	② 43 × 0.4　17.2	③ 4.7 × 0.3　1.41
④ 2.9 × 4.3　12.47	⑤ 30.6 × 2.7　82.62	⑥ 3.82 × 6.5　24.83~~0~~
⑦ 4.13 × 0.9　3.717	⑧ 0.75 × 0.08　0.06~~00~~	⑨ 1.37 × 0.06　0.0822
⑩ 3.4 × 5.8　19.72	⑪ 78.6 × 5.3　416.58	⑫ 70.9 × 4.6　326.14
⑬ 0.42 × 0.75　0.315~~0~~	⑭ 0.13 × 0.53　0.0689	⑮ 0.78 × 0.25　0.195~~0~~

4 小数のかけ算　小数のかけ算（13）
月　日　名前

① 16 × 0.7　11.2	② 6.3 × 0.6　3.78	③ 20 × 0.03　0.6~~0~~
④ 2.6 × 4.5　11.7~~0~~	⑤ 3.02 × 9.5　28.69~~0~~	⑥ 40.4 × 6.9　278.76
⑦ 53.5 × 1.7　90.95	⑧ 3.19 × 4.8　15.312	⑨ 0.73 × 0.87　0.6351
⑩ 0.35 × 0.8　0.28~~0~~	⑪ 0.52 × 0.05　0.026~~0~~	⑫ 0.75 × 0.4　0.3~~00~~
⑬ 93.7 × 3.12　292.344	⑭ 46.7 × 85.3　3983.51	⑮ 2.98 × 1.87　5.5726

P.31

4 小数のかけ算　小数のかけ算（14）
月　日　名前

[1] 下の長方形や正方形の面積は何 cm^2 ですか。

①

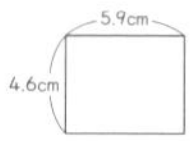

式 $4.6 \times 5.9 = 27.14$　答え $27.14cm^2$

②

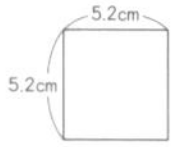

式 $5.2 \times 5.2 = 27.04$　答え $27.04cm^2$

[2] 右の長方形の面積を求めましょう。

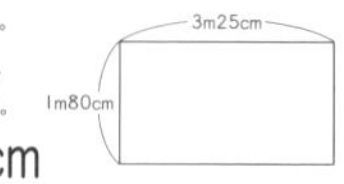

① たて，横の長さを，センチメートル単位で計算して，答えを求めましょう。

式 1m80cm=180cm
3m25cm=325cm
$180 \times 325 = 58500$　答え $58500cm^2$

② たて，横の長さを，メートル単位で計算して，答えを求めましょう。

式 1m80cm=1.8m，3m25cm=3.25m
$1.8 \times 3.25 = 5.85$　答え $5.85m^2$

①と②の答えが等しいことを確かめよう。

4 小数のかけ算　小数のかけ算（15）
月　日　名前

[1] 右の直方体の体積を求めましょう。

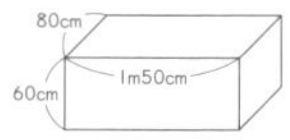

① たて，横の長さを，センチメートル単位で計算して，答えを求めましょう。

式 1m50cm=150cm
$80 \times 150 \times 60$
$= 720000$　答え $720000cm^3$

② たて，横の長さを，メートル単位で計算して，答えを求めましょう。

式 80cm=0.8m，1m50cm=1.5m
60cm=0.6m
$0.8 \times 1.5 \times 0.6 = 0.72$　答え $0.72m^3$

③ ①と②の答えが等しいことを確《たし》かめます。（　）にあてはまる数を書きましょう。

$1m^3$ =（1000000）cm^3 だから，①の答え（720000）cm^3 と②の答え（0.72）m^3 は等しい。

[2] 下の立方体の体積は何 m^3 ですか。

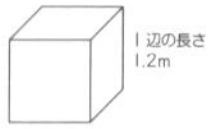

式 $1.2 \times 1.2 \times 1.2 = 1.728$　答え $1.728m^3$

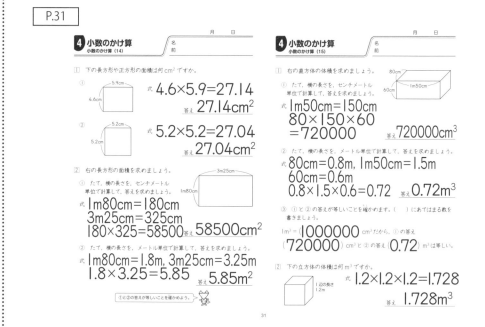

P.32

4 小数のかけ算
小数のかけ算（16）

月　日　名前

● 右の長方形の面積を２つの方法で求めましょう。

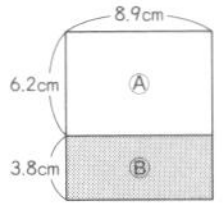

(1) ⒶとⒷの長方形の面積を別々に求めてから合わせます。

① Ⓐの面積を求めましょう。
式 6.2×8.9=55.18　答え 55.18cm²

② Ⓑの面積を求めましょう。
式 3.8×8.9=33.82　答え 33.82cm²

③ ⒶとⒷの長方形の面積を合わせましょう。
式 55.18+33.82=89　答え 89cm²

(2) ⒶとⒷで１つの長方形として面積を求めます。

① たての長さを合わせると何cmですか。
式 6.2+3.8=10　答え 10cm

② ⒶとⒷを合わせた長方形の面積を求めましょう。
式 10×8.9=89　答え 89cm²

(3) ①と②から，次の□にあてはまる数を書きましょう。

6.2×8.9＋ 3.8 ×8.9＝(6.2＋3.8)× 8.9

4 小数のかけ算
小数のかけ算（17）

月　日　名前

● 計算のきまりを使って計算しましょう。□にあてはまる数を書きましょう。

① 1.2×3＝3× 1.2 ＝ 3.6

② 7.8×4×2.5＝7.8× 10 ＝ 78

③ 5.5×6.7＋4.5×6.7＝(5.5 ＋4.5)×6.7
＝ 10 ×6.7＝ 67

④ 10.8×6 ＝10×6＋ 0.8 ×6
＝60＋ 4.8 ＝ 64.8

⑤ 9.8×7 ＝10×7－0.2× 7
＝70－ 1.4 ＝ 68.6

⑥ 8.6×5 ＝8×5＋ 0.6 ×5
＝40＋ 3 ＝ 43

32

P.33

4 ふりかえり・たしかめ（1）
小数のかけ算

月　日　名前

1 筆算で計算しましょう。

① 7×5.6　39.2
② 4.9×8.7　42.63
③ 36.9×5.6　206.64
④ 6.6×8.5　56.10
⑤ 7.48×7.5　56.100
⑥ 435×0.28　121.80

2 1mの重さが，3.25kgのパイプがあります。このパイプ2.8mの重さは，何kgですか。

式 3.25×2.8=9.1　答え 9.1kg

3 下の長方形の面積を求めましょう。

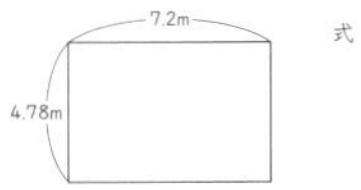

式 4.78×7.2
＝34.416
答え 34.416m²

4 ふりかえり・たしかめ（2）
小数のかけ算

月　日　名前

1 筆算で計算しましょう。

① 0.26×2.5　0.650
② 0.36×2.6　0.936
③ 0.12×0.55　0.0660
④ 5.2×5.76　29.952
⑤ 30.2×5.23　157.946
⑥ 0.43×1.76　0.7568

2 次の計算で，積がかけられる数より小さくなるのはどれですか。（　）に記号を書きましょう。

㋐ 3.64×0.92　㋑ 7.7×1.02　㋒ 3.04×0.8
㋓ 1.09×1.79　㋔ 6.54×0.99　㋕ 0.63×1.4

（㋐）（㋒）（㋔）

3 計算のきまりを使って，くふうして計算しましょう。

① 2.5×8.27×4
＝(2.5×4)×8.27
＝10×8.27＝82.7

② 8.7×6.4＋1.3×6.4
＝(8.7＋1.3)×6.4
＝10×6.4＝64

33

P.34

4 まとめのテスト
小数のかけ算

月　日　名前

［知識・技能］

1 筆算で計算しましょう。（5×6）

① 0.8×0.03　0.024
② 1.4×0.2　0.28
③ 6.7×4.8　32.16
④ 4.94×6.7　33.098
⑤ 8.6×4.5　38.70
⑥ 2.75×0.14　0.3850

2 73×68＝4964 をもとにして，次の積を求めましょう。（5×2）

① 7.3×6.8＝ 49.64
② 0.73×0.68＝ 0.4964

3 次の計算で，積が，かけられる数の5.7より小さくなるのはどれですか。（　）に記号を書きましょう。（5×2）

㋐ 5.7×0.9　㋑ 5.7×1.5
㋒ 5.7×1.08　㋓ 5.7×0.89

（㋐）（㋓）

［思考・判断・表現］

4 1mのねだんが150円のリボンを，2.6m買います。代金はいくらですか。（5×2）

式 150×2.6＝390　答え 390円

5 1mの重さが4.05kgのパイプがあります。次の長さのときの重さを求めましょう。（5×4）

① 2.7mのとき
式 4.05×2.7
＝10.935　答え 10.935kg

② 0.8mのとき
式 4.05×0.8
＝3.24　答え 3.24kg

6 1Lの重さが0.95kgの油があります。この油2.4Lの重さは何kgですか。（5×2）

式 0.95×2.4
＝2.28　答え 2.28kg

7 たて4.6m，横2.9mの長方形の面積を求めましょう。（5×2）

式 4.6×2.9＝13.34　答え 13.34m²

34

P.35

5 小数のわり算
小数のわり算（1）

月　日　名前

ロープを㋐m買ったら，
代金は480円でした。
このロープ1mのねだんは何円ですか。

(1) ㋐にあてはまる数が次のとき，どんな式になりますか。

① ㋐が2のとき
式 480÷2

② ㋐が3のとき
式 480÷3

③ ㋐が2.4のとき
式 480÷2.4

(2) 数直線で㋐が2.4のときの答えの求め方を考えます。（　）にあてはまる数を書きましょう。

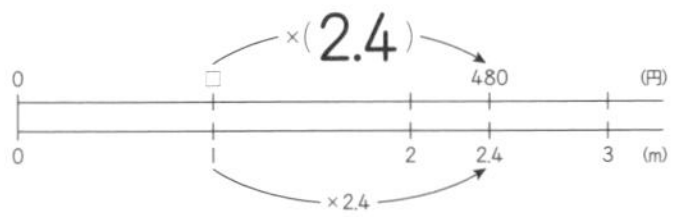

□×(2.4)＝480
□＝480÷(2.4)

(3) 480÷2.4の計算のしかたを考えます。（　）にあてはまる数を書きましょう。

Aさんの考え方
2.4mは0.1mの24こ分だから，0.1mのねだんを求めて10倍する。

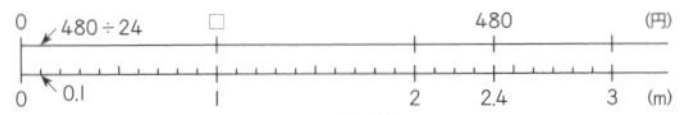

0.1mのねだん　480÷24＝(20)
1mのねだん　(480÷24)×(10)＝(200)
480÷2.4＝480÷24×(10)
＝(200)　答え 200円

Bさんの考え方
ロープの長さも代金も10倍にして1mのねだんを求める。

24mのねだん　480×10＝(4800)
1mのねだん　(480×10)÷24＝(200)
480÷2.4＝480×10÷(24)
＝(200)　答え 200円

35

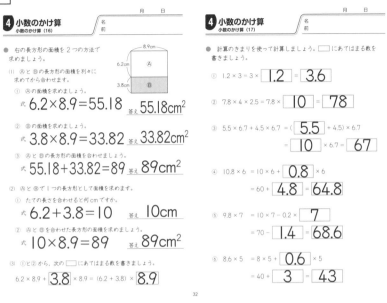

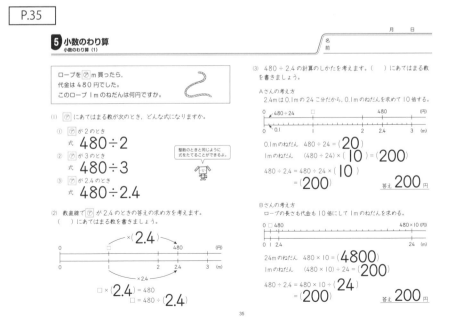

解答

児童に実施させる前に，必ず指導される方が問題を解いてください。本書の解答は，あくまでも１つの例です。指導される方の作られた解答をもとに，本書の解答例を参考に児童の多様な考えに寄り添って○つけをお願いします。

P.36

5 小数のわり算
小数のわり算（2）

月　日　名前

● 1.8mのはり金の重さをはかったら450gでした。
このはり金1mの重さは何gですか。
㋐と㋑の方法で求めましょう。

㋐ 0.1mの重さを求めて10倍する。

① このはり金0.1mの重さは何gですか。
式 450÷18=25
答え 25g

② ①で求めた答えを10倍して，1mの重さを求めましょう。
式 25×10=250
答え 250g

㋑ 長さも重さも10倍する。

① 18mの重さは何gですか。
式 450×10=4500
答え 4500g

② ①で求めた答えから1mの重さを求めましょう。
式 4500÷18=250
答え 250g

5 小数のわり算
小数のわり算（3）

月　日　名前

1 2.6mのねだんが910円のパイプがあります。
このパイプ1mのねだんは，何円ですか。
長さもねだんも10倍する方法で求めましょう。

① 26mのねだんは何円ですか。
式 910×10=9100
答え 9100円

② ①で求めた答えから1mのねだんを求めましょう。
式 9100÷26=350
答え 350円

2 8.5Lのガソリンで119km走る自動車があります。
1Lで何km走ったことになりますか。
0.1Lで何km走るかを求めて
10倍する方法で求めましょう。

① ガソリン0.1Lでは何km走りますか。
式 119÷85=1.4
答え 1.4km

② ①で求めた答えを10倍して，1Lで何km走るか求めましょう。
式 1.4×10=14
答え 14km

P.37

5 小数のわり算
小数のわり算（4）

月　日　名前

● わる数が整数になるように小数点をうつして，筆算で計算しましょう。

① 6.48÷1.2　5.4
② 7.54÷1.3　5.8
③ 8.68÷1.4　6.2
④ 7.82÷2.3　3.4
⑤ 5.76÷3.2　1.8
⑥ 6.36÷5.3　1.2
⑦ 31.2÷7.8　4
⑧ 20.4÷6.8　3
⑨ 43.2÷7.2　6
⑩ 4.2÷3.5　1.2
⑪ 6.3÷4.5　1.4
⑫ 9.1÷6.5　1.4

5 小数のわり算
小数のわり算（5）

月　日　名前

1 168÷48＝3.5をもとにして，次の商を求めましょう。

① 16.8÷4.8＝3.5
② 1.68÷0.48＝3.5
③ 0.168÷0.048＝3.5

2 答えの見当をつけてから，筆算で計算しましょう。

① 15.4÷5.5　2.8
② 5.81÷4.15　1.4
③ 7.85÷3.14　2.5
④ 43.4÷6.2　7
⑤ 28.8÷9.6　3
⑥ 86.4÷3.2　27
⑦ 7.28÷1.4　5.2
⑧ 24.6÷1.23　20
⑨ 71.2÷1.78　40

P.38

5 小数のわり算
小数のわり算（6）

月　日　名前

1 次の筆算をしましょう。また，右の筆算とのちがいを書きましょう。

① 3.76÷4.7　0.8
② 1.7÷6.8　0.25
③ 6÷2.5　2.4

			1	8
3.2	5	7	6	
		3	2	
		2	5	6
		2	5	6
				0

① 商の一の位に0がたつ
② 17を17.0としてわり進む
③ わられる数が整数で，わり進む

2 筆算で計算しましょう。

① 5.46÷7.8　0.7
② 5.67÷6.3　0.9
③ 1.68÷2.8　0.6
④ 7.2÷7.5　0.96
⑤ 5.33÷8.2　0.65
⑥ 3.6÷4.5　0.8
⑦ 4÷3.2　1.25
⑧ 84÷4.8　17.5
⑨ 27÷1.2　22.5

5 小数のわり算
小数のわり算（7）

月　日　名前

① 4.32÷2.7　1.6
② 5.22÷2.9　1.8
③ 5.44÷1.7　3.2
④ 7.42÷2.8　2.65
⑤ 7.8÷2.4　3.25
⑥ 9.9÷3.6　2.75
⑦ 8.28÷4.5　1.84
⑧ 24.8÷1.6　15.5
⑨ 3.9÷1.2　3.25
⑩ 143.4÷4.78　30
⑪ 239.2÷5.2　46
⑫ 72.8÷2.6　28

P.39

5 小数のわり算
小数のわり算（8）

月　日　名前

① 81÷4.5　18
② 8÷2.5　3.2
③ 4÷1.6　2.5
④ 1.4÷2.5　0.56
⑤ 8.4÷2.4　3.5
⑥ 7.2÷4.5　1.6
⑦ 6.48÷8.1　0.8
⑧ 8.82÷2.1　4.2
⑨ 3.12÷2.4　1.3
⑩ 70.4÷3.2　22
⑪ 94.5÷1.5　63
⑫ 32.4÷7.2　4.5

5 小数のわり算
小数のわり算（9）

月　日　名前

① 9÷3.6　2.5
② 48÷3.2　15
③ 72÷4.5　16
④ 9.1÷6.5　1.4
⑤ 61.2÷1.7　36
⑥ 97.2÷3.6　27
⑦ 832÷3.2　260
⑧ 768÷1.6　480
⑨ 729÷8.1　90
⑩ 2.923÷3.7　0.79
⑪ 3.51÷4.5　0.78
⑫ 1.68÷3.5　0.48

児童に実施させる前に，必ず指導される方が問題を解いてください。本書の解答は，あくまでも１つの例です。指導される方の作られた解答をもとに，本書の解答例を参考に児童の多様な考えに寄り添って〇つけをお願いします。

P.40

5 小数のわり算
小数のわり算（10）　月　日　名前

① 58.8 ÷ 1.47　40
② 2.6 ÷ 5.2　0.5
③ 1.7 ÷ 6.8　0.25
④ 49.8 ÷ 8.3　6
⑤ 67.6 ÷ 5.2　13
⑥ 232.2 ÷ 3.87　60
⑦ 61.2 ÷ 1.8　34
⑧ 98.9 ÷ 8.6　11.5
⑨ 88.2 ÷ 4.5　19.6
⑩ 43.4 ÷ 3.5　12.4
⑪ 2.17 ÷ 3.5　0.62
⑫ 2.16 ÷ 4.8　0.45

5 小数のわり算
小数のわり算（11）　月　日　名前

1 ロープ 1m のねだんを，それぞれ求めましょう。

① 1.2m で 300 円

式 300÷1.2=250
答え 250円

② 0.8m で 300 円

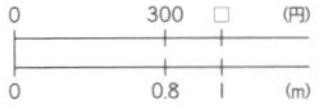

式 300÷0.8=375
答え 375円

1 より小さい数でわると，「商＞わられる数」となるよ。

2 商が，15 より大きくなるのはどれですか。（　）に記号を書きましょう。

㋐ 15 ÷ 1.2　㋑ 15 ÷ 0.8　㋒ 15 ÷ 2.01
㋓ 15 ÷ 0.95　㋔ 15 ÷ 1.02

（㋑）（㋓）

P.41

5 小数のわり算
小数のわり算（12）　月　日　名前

① 13.8 ÷ 0.6　23
② 7.8 ÷ 0.3　26
③ 0.126 ÷ 0.6　0.21
④ 5.1 ÷ 0.6　8.5
⑤ 7.8 ÷ 0.4　19.5
⑥ 8.1 ÷ 4.5　1.8
⑦ 9.8 ÷ 0.8　12.25
⑧ 9.9 ÷ 0.4　24.75
⑨ 0.37 ÷ 0.4　0.925
⑩ 8 ÷ 2.5　3.2
⑪ 9 ÷ 1.8　5
⑫ 1 ÷ 0.8　1.25

5 小数のわり算
小数のわり算（13）　月　日　名前

1 □の中に不等号を書きましょう。

① 9 ＞ 9 ÷ 2.3
② 9 ＜ 9 ÷ 0.9
③ 9 ＜ 9 ÷ 0.87
④ 9 ＞ 9 ÷ 1.02

2 筆算で計算しましょう。

① 5.04 ÷ 0.6　8.4
② 3.43 ÷ 0.7　4.9
③ 3.51 ÷ 0.6　5.85
④ 4.51 ÷ 0.55　8.2
⑤ 7 ÷ 0.28　25
⑥ 2.1 ÷ 0.28　7.5
⑦ 16 ÷ 0.5　32
⑧ 3 ÷ 0.4　7.5
⑨ 84 ÷ 0.7　120

P.42

5 小数のわり算
小数のわり算（14）　月　日　名前

1 2.8m のテープを，0.8m ずつに切ります。
0.8m のロープは何本できて，何 m あまりますか。

① 式を書きましょう。（ 2.8÷0.8 ）

② 筆算をしましょう。

```
      3
0.8)2.8
    24
    0.4
```

「何本」を求めるから商は整数だね。

あまりの小数点はわられる数の小数点にそろえるよ。

③ 検算《けんざん》をして，答えを確《たし》かめましょう。

0.8 ×（ 3 ）+（0.4）=（2.8）

④ 答えを書きましょう。3本できて,0.4mあまる。

2 商は一の位まで求めて，あまりも出しましょう。

① 9.6 ÷ 4.2　2あまり1.2
② 24.6 ÷ 5.4　4あまり3
③ 490 ÷ 6.4　76あまり3.6

5 小数のわり算
小数のわり算（15）　月　日　名前

1 お茶が 4.3L あります。0.8L ずつペットボトルに入れます。0.8L のお茶が入ったペットボトルは何本できて，何 L あまりますか。
また検算《けんざん》で，答えを確《たし》かめましょう。

式 4.3÷0.8=5あまり0.3
答え 5本できて,0.3Lあまる。

検算（ 0.8×5+0.3=4.3 ）

2 商は一の位まで求めて，あまりも出しましょう。

① 14.5 ÷ 2.4　6あまり0.1
② 8.5 ÷ 2.6　3あまり0.7
③ 9.6 ÷ 4.9　1あまり4.7
④ 6.8 ÷ 1.3　5あまり0.3
⑤ 25.3 ÷ 9.6　2あまり6.1
⑥ 60.2 ÷ 4.5　13あまり1.7

P.43

5 小数のわり算
小数のわり算（16）　月　日　名前

1 1.3m のパイプの重さをはかったら，5.3kg ありました。
このパイプ 1m の重さは何 kg ですか。
商は四捨五入《ししゃごにゅう》して，上から 2 けたのがい数で求めましょう。

式 5.3÷1.3=4.07…
答え 約4.1kg

筆算

2 商は四捨五入して，上から 2 けたのがい数で求めましょう。

① 3.5 ÷ 1.2　約 2.9
② 9.97 ÷ 3.3　約3.0
③ 0.76 ÷ 0.6　約1.3
④ 5.8 ÷ 2.7　約2.1
⑤ 8.04 ÷ 5.1　約1.6
⑥ 0.49 ÷ 0.3　約1.6

5 小数のわり算
小数のわり算（17）　月　日　名前

1 2.6L のねん土の重さをはかったら，4.2kg ありました。
このねん土 1L の重さは何 kg ですか。
商は四捨五入《ししゃごにゅう》して，上から 2 けたのがい数で求めましょう。

式 4.2÷2.6=1.61…

答え 約1.6kg

筆算

2 2.1m² の重さが 10.4kg の金ぞくの板があります。
この板 1m² の重さは何 kg ですか。
商は四捨五入して，上から 2 けたのがい数で求めましょう。

式 10.4÷2.1=4.95…
答え 約5.0kg

筆算

3 1.8m² の花だんに，4.7L の水をまきました。1m² あたり何 L の水をまいたことになりますか。
商は四捨五入して，上から 2 けたのがい数で求めましょう。

式 4.7÷1.8=2.61…

答え 約2.6L

筆算

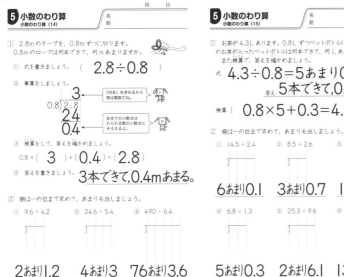

児童に実施させる前に，必ず指導される方が問題を解いてください。本書の解答は，あくまでも１つの例です。指導される方の作られた解答をもとに，本書の解答例を参考に児童の多様な考えに寄り添って○つけをお願いします。

P.44

5 小数のわり算
小数のわり算（18）

月　日　名前

① 2.72 ÷ 1.6　1.7
② 4.56 ÷ 1.9　2.4
③ 10.26 ÷ 2.7　3.8
④ 53.9 ÷ 7.7　7
⑤ 2.96 ÷ 7.4　0.4
⑥ 40.8 ÷ 6.8　6
⑦ 3.1 ÷ 2.5　1.24
⑧ 7.38 ÷ 4.5　1.64
⑨ 3 ÷ 2.4　1.25
⑩ 58.4 ÷ 0.8　73
⑪ 3 ÷ 0.4　7.5
⑫ 7 ÷ 0.5　14

5 小数のわり算
小数のわり算（19）

月　日　名前

1 商は一の位まで求めて，あまりも出しましょう。

① 6.1 ÷ 0.7　8あまり0.5
② 13.2 ÷ 2.7　4あまり2.4
③ 7.8 ÷ 3.3　2あまり1.2
④ 3.7 ÷ 0.3　12あまり0.1
⑤ 9.4 ÷ 0.7　13あまり0.3
⑥ 61.2 ÷ 1.3　47あまり0.1

2 商は四捨五入して，上から２けたのがい数で求めましょう。

① 6.5 ÷ 0.3　約 22
② 86.8 ÷ 9.2　約9.4
③ 3.61 ÷ 5.4　約0.67

44

P.45

5 ふりかえり・たしかめ (1)
小数のわり算

月　日　名前

1 わりきれるまで計算しましょう。

① 55.9 ÷ 8.6　6.5
② 45.6 ÷ 3.8　12
③ 5.32 ÷ 7.6　0.7
④ 6.15 ÷ 8.2　0.75
⑤ 2.38 ÷ 2.8　0.85
⑥ 34.2 ÷ 1.9　18

2 下の式の□に，㋐～㋓の数をあてはめます。商が最も大きくなるものと最も小さくなるものは，それぞれどれですか。（　）に記号を書きましょう。

3.8 ÷ □

㋐ 0.8　㋑ 0.02
㋒ 1.2　㋓ 3.2

最も大きくなるもの（㋑）
最も小さくなるもの（㋓）

3 商は四捨五入《ししゃごにゅう》して，上から２けたのがい数で求めましょう。

① 7.7 ÷ 3.2　約 2.4
② 5.73 ÷ 3.9　約1.5

5 ふりかえり・たしかめ (2)
小数のわり算

月　日　名前

1 わりきれるまで計算しましょう。

① 7 ÷ 2.5　2.8
② 63 ÷ 8.4　7.5
③ 1.36 ÷ 0.8　1.7
④ 7.5 ÷ 0.6　12.5
⑤ 1.78 ÷ 0.8　2.225
⑥ 9 ÷ 3.6　2.5

2 2.4m の重さが 0.6kg のロープがあります。

① このロープ 1m の重さは何 kg ですか。

式 $0.6 \div 2.4$
$= 0.25$　答え 0.25kg

② このロープ 1kg の長さは何 m ですか。

式 $2.4 \div 0.6 = 4$　答え 4m

45

P.46

5 まとめのテスト
小数のわり算

月　日　名前

【知識・技能】

1 わりきれるまで計算しましょう。（5×6）

① 20.4 ÷ 2.4　8.5
② 19.2 ÷ 3.2　6
③ 4.06 ÷ 5.8　0.7
④ 6.46 ÷ 7.6　0.85
⑤ 4 ÷ 2.5　1.6
⑥ 14 ÷ 0.8　17.5

2 商が，12 より大きくなる式を選んで，（　）に記号を書きましょう。（5×2）

㋐ 12 ÷ 0.9
㋑ 12 ÷ 1.2
㋒ 12 ÷ 1.03
㋓ 12 ÷ 0.84

（㋐）（㋓）

3 商が，27.3 ÷ 3.5 と等しくなる式を選んで，（　）に記号を書きましょう。（5×2）

㋐ 273 ÷ 35
㋑ 2.73 ÷ 3.5
㋒ 2.73 ÷ 0.35
㋓ 0.273 ÷ 0.35

（㋐）（㋒）

【思考・判断・表現】

4 3.6m の重さが 6.48kg のパイプがあります。このパイプ 1m の重さは何 kg ですか。（5×2）

式 $6.48 \div 3.6 = 1.8$

答え 1.8kg

5 $0.6m^2$ で 2.4kg の鉄板があります。（5×4）

① この鉄板 $1m^2$ の重さは何 kg ですか。

式 $2.4 \div 0.6 = 4$

答え 4kg

② この鉄板 1kg は何 m^2 ですか。

式 $0.6 \div 2.4 = 0.25$

答え $0.25m^2$

6 テープが 12.6m あります。1.5m ずつに切ります。1.5m のテープは何本できて，何 m あまりますか。（5×2）

式 $12.6 \div 1.5$
$= 8$あまり0.6

答え 8本できて，0.6mあまる。

7 4.5L で，7.8kg のねん土があります。このねん土 1L の重さは何 kg ですか。四捨五入して，上から２けたのがい数で求めましょう。（5×2）

式 $7.8 \div 4.5 = 1.73\cdots$

答え 約1.7kg

46

P.47

小数の倍
小数の倍 (1)

月　日　名前

1 赤のリボンは 8m，青のリボンは 10m です。

① 青のリボンの長さは，赤のリボンの長さの何倍ですか。

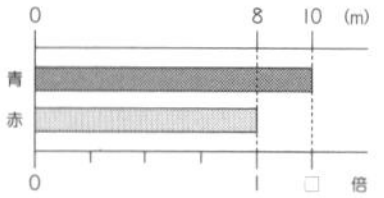

式 $10 \div 8$
$= 1.25$

答え 1.25倍

② 赤のリボンの長さは，青のリボンの長さの何倍ですか。

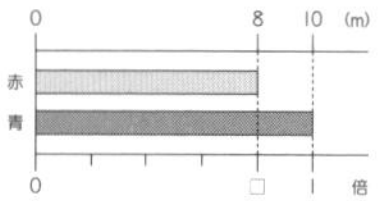

式 $8 \div 10$
$= 0.8$

答え 0.8倍

2 □にあてはまる数を求めましょう。

① 12m は，5m の□倍です。

式 $12 \div 5 = 2.4$　答え 2.4

② 4m をもとにすると，3m は□倍です。

式 $3 \div 4 = 0.75$　答え 0.75

小数の倍
小数の倍 (2)

月　日　名前

1 右の表のような長さのリボンがあります。

リボンの長さ

	長さ (m)
A	4
B	5

① A のリボンの長さをもとにすると，B のリボンの長さは何倍ですか。

式 $5 \div 4 = 1.25$

答え 1.25倍

② B のリボンの長さをもとにすると，A のリボンの長さは何倍ですか。

式 $4 \div 5 = 0.8$

答え 0.8倍

2 右の表のような重さのねん土があります。

ねん土の重さ

	重さ (kg)
A	8
B	20

① A のねん土の重さをもとにすると，B のねん土の重さは何倍ですか。

式 $20 \div 8 = 2.5$

答え 2.5倍

② B のねん土の重さをもとにすると，A のねん土の重さは何倍ですか。

式 $8 \div 20 = 0.4$

答え 0.4倍

47

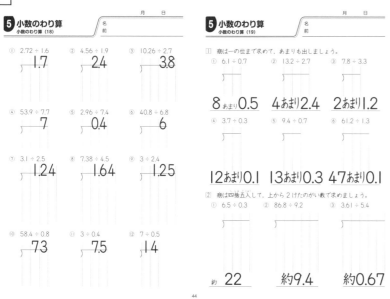

P.48

小数の倍
小数の倍（3）

月　日　名前

1　Aさんと B さんの家から学校までの道のりは，右の表の通りです。

家から学校までの道のり

	道のり（km）
Aさん	1.5
Bさん	1.2

① A さんの道のりをもとにすると，B さんの道のりは何倍ですか。

式　1.2÷1.5＝0.8

答え　0.8倍

② B さんの道のりをもとにすると，A さんの道のりは何倍ですか。

式　1.5÷1.2＝1.25

答え　1.25倍

2　A，B の 2 つの容器《ようき》に入っている水のかさは，右の表の通りです。

入っている水のかさ

	水のかさ（L）
A	0.6
B	1.5

① A のかさをもとにすると，B のかさは何倍ですか。

式　1.5÷0.6＝2.5

答え　2.5倍

② B のかさをもとにすると，A のかさは何倍ですか。

式　0.6÷1.5＝0.4

答え　0.4倍

48

小数の倍
小数の倍（4）

月　日　名前

1　金色，銀色，銅色《どういろ》の 3 本のテープがあります。
金色のテープの長さは，3m です。

① 金色のテープをもとにすると，銀色のテープは 2.5 倍にあたります。銀色のテープの長さは何 m ですか。

式　3×2.5＝7.5

答え　7.5m

② 金色のテープをもとにすると，銅色のテープは 0.6 倍にあたります。銅色のテープの長さは何 m ですか。

式　3×0.6＝1.8

答え　1.8m

2　遠足に行きます。5 年生が歩く道のりは 4.5km です。

① 6 年生が歩く道のりは，5 年生の道のりの 1.2 倍です。6 年生が歩く道のりは，何 km ですか。

式　4.5×1.2＝5.4

答え　5.4km

② 1 年生が歩く道のりは，5 年生の道のりの 0.4 倍です。1 年生が歩く道のりは，何 km ですか。

式　4.5×0.4＝1.8

答え　1.8km

P.49

小数の倍
小数の倍（5）

月　日　名前

1　コップと水とうにお茶が入っています。
コップに入っているお茶は 0.25L です。
水とうには，コップの 3.8 倍のお茶が入っています。
水とうに入っているお茶は何 L ですか。

式　0.25×3.8＝0.95

答え　0.95L

2　A 小学校の人数は 130 人です。B 小学校の人数は A 小学校の 0.8 倍です。B 小学校の人数は何人ですか。

式　130×0.8＝104

答え　104人

3　□にあてはまる数を求めましょう。

① 4.5m の 1.2 倍は [5.4] m です。

② 12kg の 0.7 倍は [8.4] kg です。

③ 1500 円の 0.3 倍は [450] 円です。

49

小数の倍
小数の倍（6）

月　日　名前

1　ひまわりの高さが 24cm になっていました。
これは，昨日の 1.2 倍です。
昨日のひまわりの高さは何 cm でしたか。

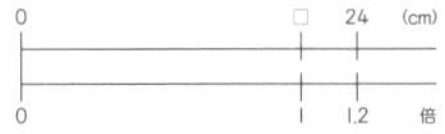

式　24÷1.2＝20

答え　20cm

2　お兄さんの体重は 60kg です。これは，お姉さんの体重の 1.5 倍にあたります。お姉さんの体重は何 kg ですか。

式　60÷1.5＝40

答え　40kg

3　A のテープは 4.2m です。これは，B のテープの 0.8 倍にあたります。B のテープの長さは何 m ですか。

式　4.2÷0.8＝5.25

答え　5.25m

49

P.50

小数の倍
小数の倍（7）

月　日　名前

1　A の荷物の重さは 12.4kg です。
これは，B の荷物の重さの 0.8 倍です。
B の荷物は何 kg ですか。

式　12.4÷0.8＝15.5

答え　15.5kg

2　家から駅までの道のりは 1.5km です。
これは，家から学校までの道のりの 1.2 倍です。
家から学校までの道のりは何 km ですか。

式　1.5÷1.2＝1.25

答え　1.25km

3　□にあてはまる数を求めましょう。

① 150 人は [200] 人の 0.75 倍です。

② 180 円は [600] 円の 0.3 倍です。

③ [3] L をもとにすると，5.4L は 1.8 倍です。

50

小数の倍
小数の倍（8）

月　日　名前

1　あるお店で，お弁当《べんとう》とサンドイッチの安売りをしています。
より安くなっているのは，どちらですか。

〈もとのねだん〉
450円
↓
〈ねびき後〉
360円

〈もとのねだん〉
320円
↓
〈ねびき後〉
240円

① ねびき後のねだんは，もとのねだんの何倍になっていますか。

お弁当

式　360÷450＝0.8

答え　0.8倍

サンドイッチ

式　240÷320＝0.75

答え　0.75倍

② 倍で比《くら》べると，どちらの方がより安くなっていますか。

（サンドイッチ）

2　ひまわりの芽が出ました。右の表は，A と B のひまわりの昨日と今日の芽の高さを調べた結果です。倍を使って比べると，どちらの方がよくのびたといえますか。

ひまわりの芽の高さ（cm）

	昨日	今日
A	5	7
B	3	4.8

式　7÷5＝1.4
4.8÷3＝1.6

答え　B

50

P.51

小数の倍
どんな計算になるのかな？（1）

月　日　名前

1　木の高さは 3.5m です。
家の高さは，木の高さの 2.4 倍あります。
家の高さは何 m ですか。

式　3.5×2.4＝8.4

答え　8.4m

2　あるプールのたての長さは 50m で，横の長さの 1.6 倍あります。
このプールの横の長さは何 m ですか。

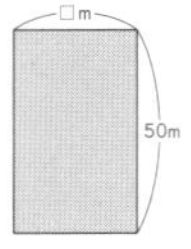

式　50÷1.6＝31.25

答え　31.25m

3　兄は 3km，弟は 1.2km 走りました。

① 兄の走ったきょりは，弟の走ったきょりの何倍ですか。

式　3÷1.2＝2.5

答え　2.5倍

② 弟の走ったきょりは，兄の走ったきょりの何倍ですか。

式　1.2÷3＝0.4

答え　0.4倍

51

小数の倍
どんな計算になるのかな？（2）

月　日　名前

1　ハチミツ 1.2kg を 3720 円で買いました。
このハチミツ 1kg のねだんは何円ですか。

式　3720÷1.2
＝3100

答え　3100円

2　1m が 2.4kg のパイプがあります。
このパイプ 0.7m の重さは何 kg ですか。

式　2.4×0.7＝1.68

答え　1.68kg

3　12.5L のガソリンで 325km 走る自動車があります。
ガソリン 1L あたり，何 km 走ったことになりますか。

式　325÷12.5
＝26

答え　26km

51

解答

児童に実施させる前に，必ず指導される方が問題を解いてください。本書の解答は，あくまでも１つの例です。指導される方の作られた解答をもとに，本書の解答例を参考に児童の多様な考えに寄り添って○つけをお願いします。

P.52

ふりかえり・たしかめ (1)
小数の倍

月　日　名前

1 赤のテープは 4m，白のテープは 5m です。

① 白のテープの長さは，赤のテープの長さの何倍ですか。

式 5÷4＝1.25　　答え 1.25倍

② 赤のテープの長さは，白のテープの長さの何倍ですか。

式 4÷5＝0.8　　答え 0.8倍

2 Aのやかんには，水が 2L 入っています。
Bのやかんには，Aのやかんの 2.4 倍の量の水が入っています。Bのやかんの水は何 L ですか。

式 2×2.4＝4.8　　答え 4.8L

3 赤ちゃんの体重が，生まれたときの 2.5 倍の 9kg になりました。
生まれたときの体重は何 kg でしたか。

式 9÷2.5＝3.6　　答え 3.6kg

52

ふりかえり・たしかめ (2)
小数の倍

月　日　名前

1 青のテープは 6m，白のテープは 4.8m です。

① 白のテープの長さは，青のテープの長さの何倍ですか。

式 4.8÷6＝0.8　　答え 0.8倍

② 青のテープの長さは，白のテープの長さの何倍ですか。

式 6÷4.8＝1.25　　答え 1.25倍

2 ジュースを飲んだら，残りが 3.6dL になりました。
これは，もとあった量の 0.8 倍です。
もとあったジュースは何 dL でしたか。

式 3.6÷0.8＝4.5　　答え 4.5dL

3 Aさんのロープの長さは 3.5m です。
Bさんのロープの長さは，Aさんのロープの長さの 0.7 倍です。
Bさんのロープの長さは何 m ですか。

式 3.5×0.7＝2.45　　答え 2.45m

P.53

まとめのテスト
小数の倍

月　日　名前

【知識・技能】

1 □にあてはまる数を求めましょう。(5×10)

① 30m は，12m の□倍です。

式 30÷12＝2.5　　答え 2.5

② 6kg は 8kg の□倍です。

式 6÷8＝0.75　　答え 0.75

③ 5.6L は，□L の 0.7 倍です。

式 5.6÷0.7＝8　　答え 8

④ □km の 0.6 倍は 5.52km です。

式 5.52÷0.6＝9.2　　答え 9.2

⑤ 6m の 0.3 倍は□m です。

式 6×0.3＝1.8　　答え 1.8

【思考・判断・表現】

2 下の表は，家で飼《か》っている犬とねこの体重を表しています。(5×4)

家の犬とねこの体重

	体重 (kg)
犬	15.5
ねこ	6.2

① 犬の体重は，ねこの体重の何倍ですか。

式 15.5÷6.2＝2.5　　答え 2.5倍

② ねこの体重は，犬の体重の何倍ですか。

式 6.2÷15.5＝0.4　　答え 0.4倍

3 Aの洋服のねだんは，Bの洋服のねだんの 1.2 倍で 9000 円です。
Bの洋服のねだんは何円ですか。(5×2)

式 9000÷1.2＝7500　　答え 7500円

4 下の表は，AさんとBさんの縄とび（二重とび）の練習の成果を表したものです。
倍を使って比《くら》べると，どちらの方が練習の成果が出ていますか。(10×2)

連続二重とびができた回数（回）

	先週	今週
Aさん	25	40
Bさん	12	18

式 A40÷25＝1.6
B18÷12＝1.5

答え Aさん

53

P.54

6 合同な図形
合同な図形 (1)

月　日　名前

● 下の ㋐，㋑，㋒ はぴったり重なる図形です。

次の（　）にあてはまることばを書きましょう。

① ㋐と㋑のように，ぴったり重ね合わせることのできる 2 つの図形を（合同）であるといいます。

② ㋒も，うら返すと㋐にぴったり重なる図形なので，（合同）です。

③ 合同な図形で，ぴったり重なる辺を（対応）する辺，ぴったり重なる角を（対応）する角，ぴったり重なる頂点《ちょうてん》を（対応）する頂点といいます。

④ 合同な図形では，対応《たいおう》する（辺）の長さは等しく，対応する（角）の大きさも等しいです。

54

6 合同な図形
合同な図形 (2)

月　日　名前

● 下の㋐と㋑の四角形は，合同です。対応《たいおう》する辺，角，頂点《ちょうてん》について答えましょう。

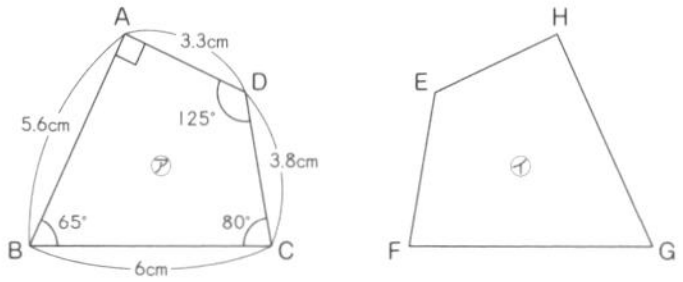

(1) 次の辺，角，頂点に対応する辺，角，頂点を書きましょう。

① 辺AB　辺（HG）　② 辺CD　辺（FE）

③ 角A　角（H）　④ 角C　角（F）

⑤ 頂点B　頂点（G）　⑥ 頂点D　頂点（E）

(2) 次の辺の長さや角の大きさを書きましょう。

① 辺EF（3.8cm）　② 辺HG（5.6cm）

③ 角F（80°）　④ 角H（90°）

P.55

6 合同な図形
合同な図形 (3)

月　日　名前

1 ㋐と㋑の三角形は合同です。

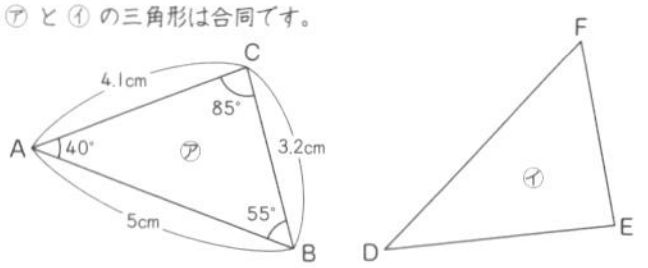

(1) 次の辺や角に対応《たいおう》する辺や角を書きましょう。

① 辺AB　辺（DF）　② 角C　角（E）

(2) 次の辺の長さは何 cm ですか。

① 辺EF（3.2cm）　② 辺DE（4.1cm）

(3) 次の角の大きさは何度ですか。

① 角D（40°）　② 角F（55°）

2 ㋒と㋓の四角形は合同です。次の辺の長さや角の大きさを求めましょう。

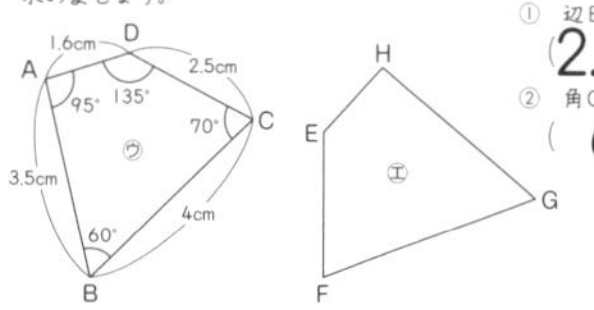

① 辺EF（2.5cm）

② 角G（60°）

55

6 合同な図形
合同な図形 (4)

月　日　名前

1 1 本の対角線をひいてできる 2 つの三角形が，合同になる四角形の名前を（　）に書きましょう。

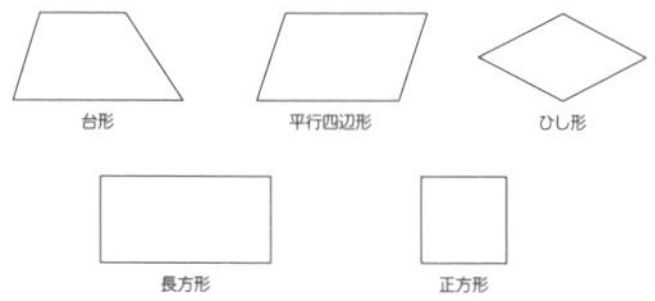

（平行四辺形，ひし形，長方形，正方形）

2 2 本の対角線をひいてできる，4 つの三角形は合同でしょうか。
下の（　）にあてはまる四角形の名前を書きましょう。

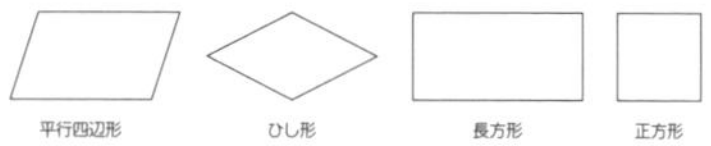

ア 合同な三角形が 2 組できる。
（平行四辺形，長方形）

イ 4 つの合同な三角形ができる。
（ひし形，正方形）

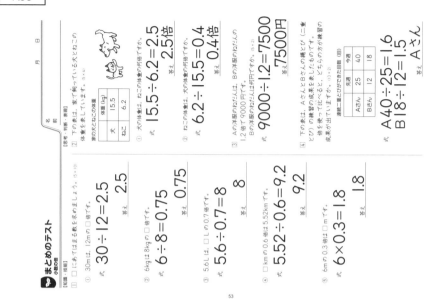

P.56

6 合同な図形
合同な図形（5）

月　日　名前

● 次の三角形と合同な三角形を書きましょう。

【3 つの辺の長さを使って書きましょう。】

①

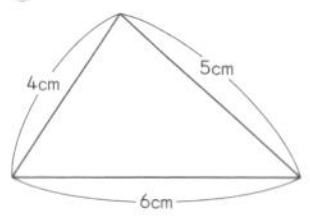

略

②

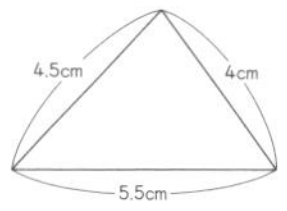

略

③

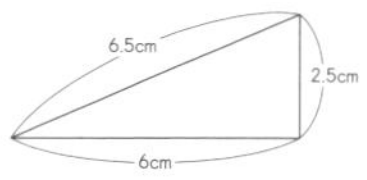

略

56

6 合同な図形
合同な図形（6）

月　日　名前

● 次の三角形と合同な三角形を書きましょう。

【1 つの辺の長さとその両はしの 2 つの角の大きさを使って書きましょう。】

①

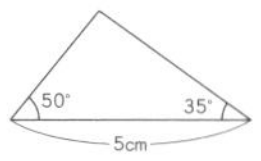

略

②

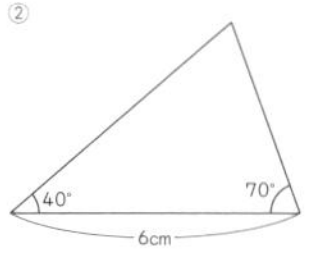

略

③

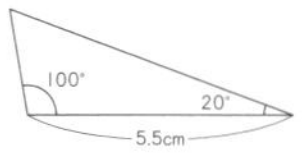

略

P.57

6 合同な図形
合同な図形（7）

月　日　名前

● 次の三角形と合同な三角形を書きましょう。

【2 つの辺の長さとその間の角の大きさを使って書きましょう。】

①

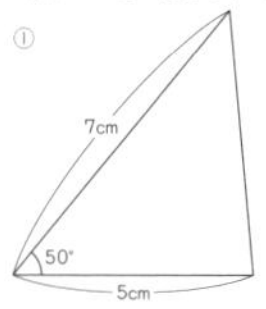

略

②

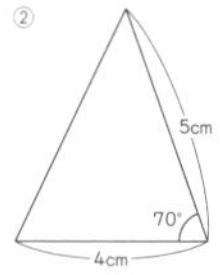

略

③

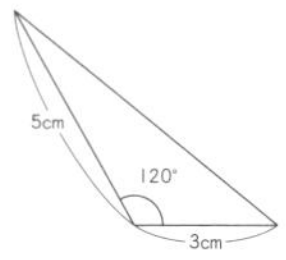

略

57

6 合同な図形
合同な図形（8）

月　日　名前

● 次の三角形と合同な三角形を書きましょう。

【必要な辺の長さや角の大きさをはかって書きましょう。】

①

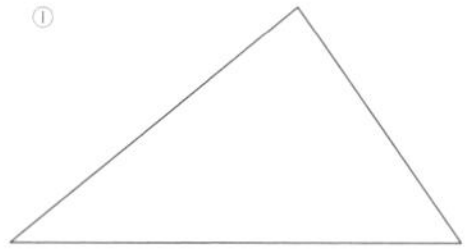

略

②

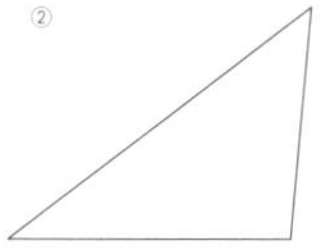

略

P.58

6 合同な図形
合同な図形（9）

月　日　名前

● 次の三角形を書きましょう。

① 1 つの辺の長さが 5cm で，その両はしの角の大きさが 70° と 30° の三角形

略

② 2 つの辺の長さが 6cm と 3cm で，その間の角の大きさが 110° の三角形

略

③ 3 つの辺の長さが 6cm，4.5cm，3.5cm の三角形

略

58

6 合同な図形
合同な図形（10）

月　日　名前

● 次の三角形を書きましょう。

① 1 辺の長さが 5cm の正三角形

略

② 3 つの辺の長さが 6cm，4cm，4cm の二等辺三角形

略

③ 1 つの辺の長さが 5cm で，その両はしの角の大きさがどちらも 40° の二等辺三角形

略

P.59

6 合同な図形
合同な図形（11）

月　日　名前

● 合同な三角形のかき方を使って，次の四角形と合同な四角形を書きましょう。

① 平行四辺形

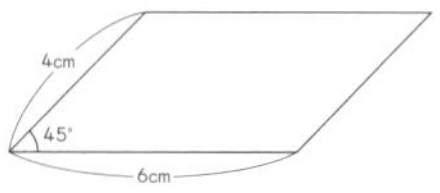

略

② ひし形

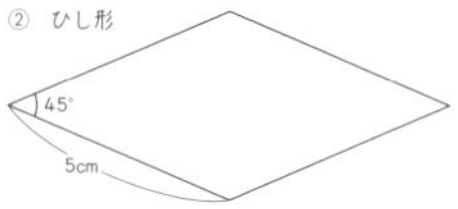

略

59

6 合同な図形
合同な図形（12）

月　日　名前

● 合同な三角形のかき方を使って，下の四角形と合同な四角形を書きましょう。
必要な辺の長さや角度をはかって書きましょう。

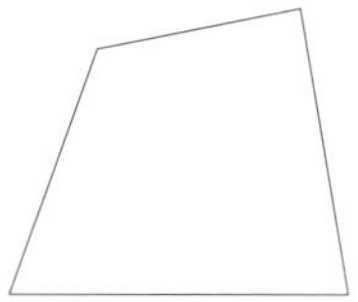

略

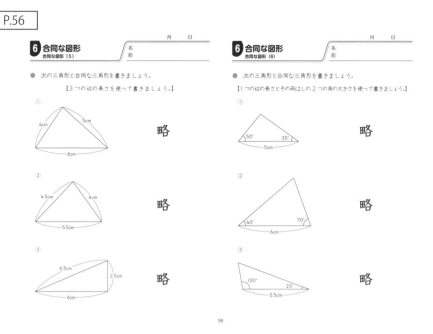

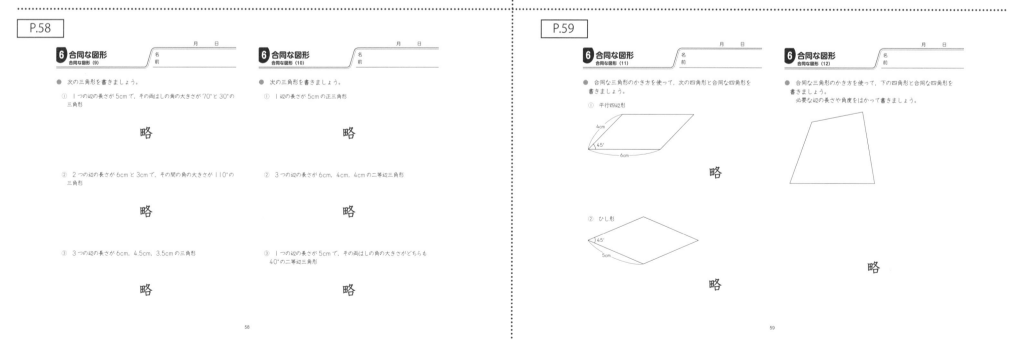

解答

児童に実施させる前に，必ず指導される方が問題を解いてください。本書の解答は，あくまでも１つの例です。指導される方の作られた解答をもとに，本書の解答例を参考に児童の多様な考えに寄り添って○つけをお願いします。

P.60

月　日

6 ふりかえり・たしかめ (1)
合同な図形

名前

1 三角形 ㋐ と ㋑ は合同です。

(1) 次の辺の長さは何 cm ですか。

① 辺DE（4.3cm）
② 辺EF（5cm）
③ 辺FD（6cm）

(2) 次の角の大きさは何度ですか。

① 角D（55°）
② 角E（80°）
③ 角F（45°）

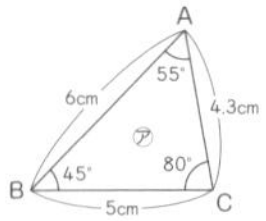

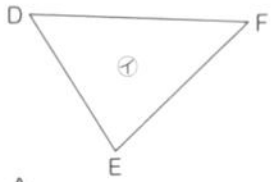

2 四角形 ㋒ と ㋓ は合同です。

(1) 次の辺の長さは何 cm ですか。

① 辺EF（4.5cm）
② 辺FG（5.7cm）
③ 辺GH（6.2cm）
④ 辺HE（3cm）

(2) 次の角の大きさは何度ですか。

① 角E（120°）
② 角F（85°）
③ 角G（65°）
④ 角H（90°）

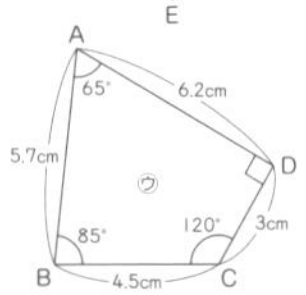

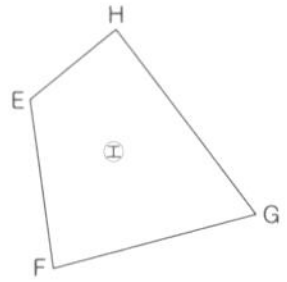

60

月　日

6 ふりかえり・たしかめ (2)
合同な図形

名前

1 下の図のような三角形をかきましょう。

①

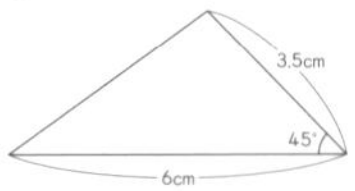

略

②

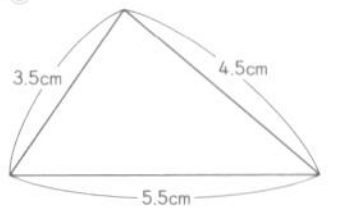

略

2 必要な角の大きさだけをはかって，下の三角形ＡＢＣと合同な三角形を書きましょう。また，はかった角度は，書いた図に書きましょう。

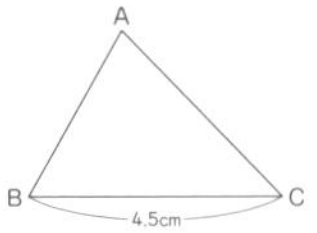

P.61

月　日

6 まとめのテスト
合同な図形

名前

【知識・技能】

1 下の㋐ と ㋑ の四角形は合同です。（5×4）

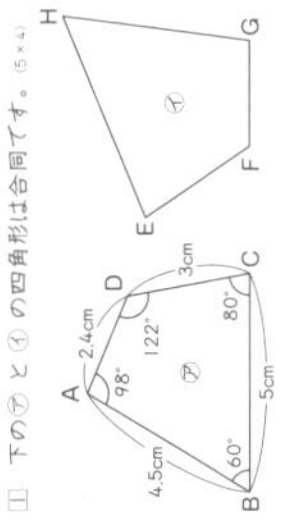

① 次の辺の長さは何 cm ですか。

辺FG（2.4）cm
辺GH（4.5）cm

② 次の角の大きさは何度ですか。

角F（122）°　角H（60）°

2 次の三角形を書きましょう。（10×2）

① ２つの辺の長さが 5cm と 4cm で，その間の角の大きさが 30°の三角形

略

② ３つの辺の長さが 6cm，4cm，3cm の三角形

略

3 次の四角形と合同な四角形を書きましょう。（10）

ひし形

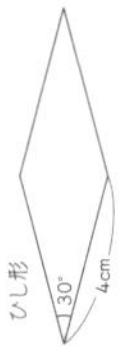

略

【思考・判断・表現】

4 下の三角形ＡＢＣと合同な三角形を書きます。どの辺の長さや角の大きさをはかればいいですか。３つの考え方にふさわしい記号を（　）に書きましょう。（5×6）

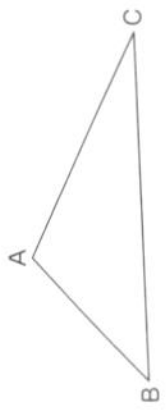

① 辺ＢＣの長さ
角（B）の大きさ　角（C）の大きさ

② 辺ＢＣの長さ
辺（CA）の長さ　辺（AB）の長さ

③ 辺（BA）の長さ　辺（AC）の長さ
角Aの大きさ

5 下の合同な２つの三角形を組み合わせてできる四角形の名前を書きましょう。（10×2）

① 辺ＢＣと対応する辺を合わせてできる四角形
（正方形）

② 辺ＡＢと対応する辺を合わせてできる四角形
（平行四辺形）

61

P.62

月　日

7 図形の角
三角形と四角形の角 (1)

名前

● ㋐，㋑，㋒，㋓ の角度は何度ですか。計算で求めましょう。

①

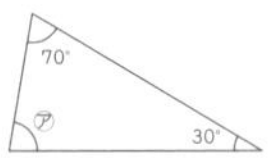

式 180－(70＋30)
＝80
答え 80°

②

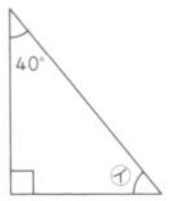

式 180－(90＋40)
＝50
答え 50°

③

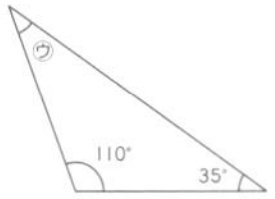

式 180－(110＋35)
＝35
答え 35°

④

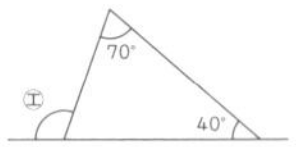

式 180－(70＋40)＝70
180－70＝110
答え 110°

62

月　日

7 図形の角
三角形と四角形の角 (2)

名前

● ㋐，㋑，㋒，㋓ の角度は何度ですか。計算で求めましょう。

①

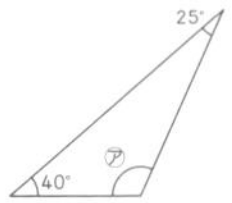

式 180－(25＋40)
＝115
答え 115°

② 二等辺三角形

式 (180－120)÷2
＝30
答え 30°

③

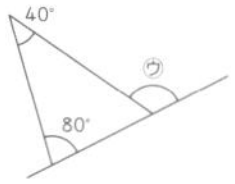

式 180－(40＋80)＝60
180－60＝120
答え 120°

④

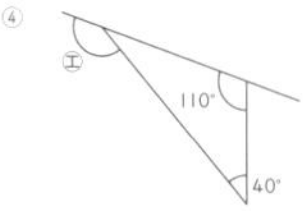

式 180－(110＋40)＝30
180－30＝150
答え 150°

P.63

月　日

7 図形の角
三角形と四角形の角 (3)

名前

● ㋐，㋑，㋒，㋓ の角度は何度ですか。計算で求めましょう。

①

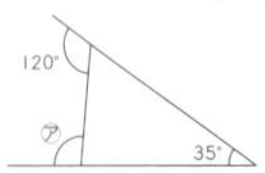

（例）180－120＝60
式 180－(60＋35)＝85
180－85＝95
答え 95°

②

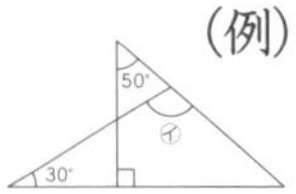

（例）式 180－(50＋90)＝40
180－(30＋40)
＝110
答え 110°

③

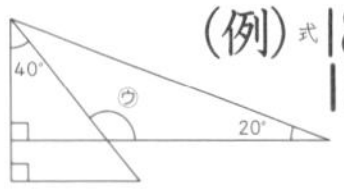

（例）式 180－(40＋90)＝50
180－50＝130
答え 130°

④

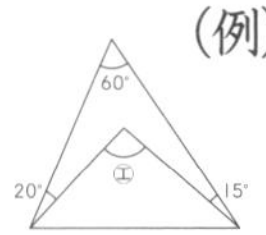

（例）180－(60＋20＋15)
式 ＝85
180－85＝95
答え 95°

63

月　日

7 図形の角
三角形と四角形の角 (4)

名前

● 四角形の４つの角の大きさの和を三角形に分けて求めます。図をもとにして，考え方を式に表します。（　）にあてはまることばや数を書きましょう。

①

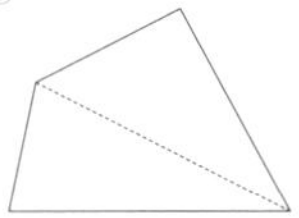

１本の（対角線）で，２つの三角形に分けて求めます。

三角形の３つの角の大きさの和は（180）度だから，次のような式になります。

（180）×２＝（360）

②

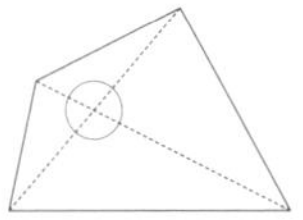

２本の対角線で（4）つの三角形に分けて求めます。

三角形の３つの角の大きさの和は（180）度だから，三角形４つ分の角の大きさを求めますが，対角線が交差している○のところにある角はふくまれないので，（360）度をひいて求めます。

180×４－（360）＝（360）

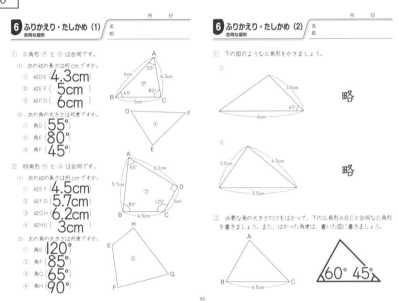

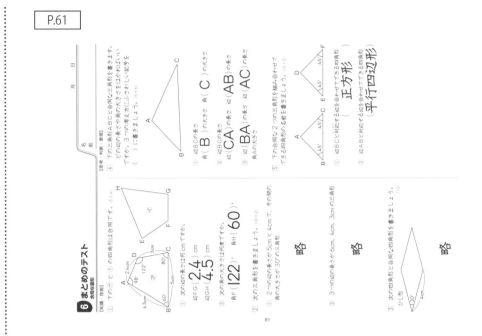

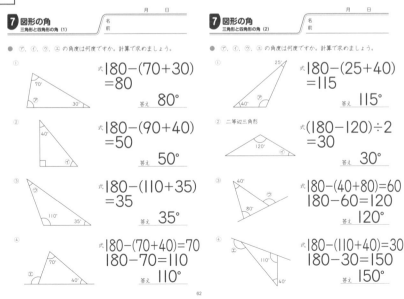

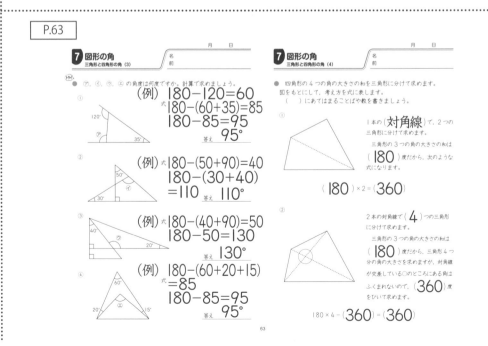

P.64

7 図形の角 三角形と四角形の角（5）

月　日　名前

● ㋐，㋑，㋒，㋓ の角度は何度ですか。計算で求めましょう。

①
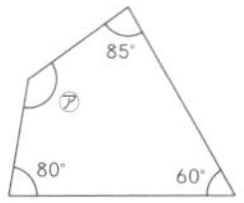

式 360−(85+60+80)
=135
答え 135°

②
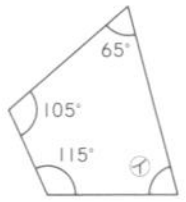

式 360−(65+105+115)
=75
答え 75°

③
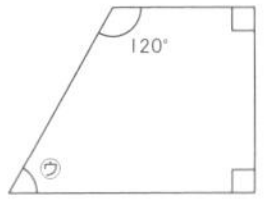

式 360−(120+90×2)
=60
答え 60°

④
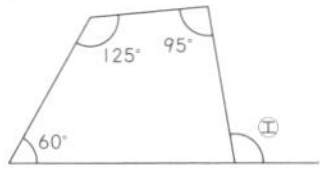

式 360−(125+95+60)
=80
180−80=100
答え 100°

7 図形の角 三角形と四角形の角（6）

月　日　名前

● ㋐，㋑，㋒，㋓ の角度は何度ですか。計算で求めましょう。

①
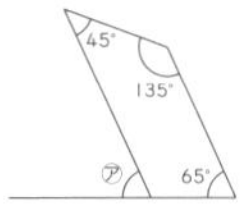

式 360−(45+135+65)
=115
180−115=65
答え 65°

②
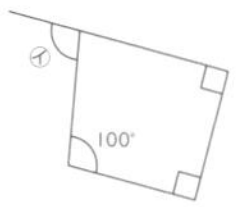

式 360−(100+90×2)
=80
180−80=100
答え 100°

③
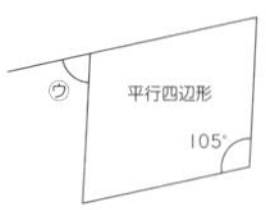

式 180−105=75
答え 75°

④
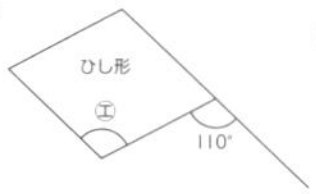

式 180−110=70
(360−70×2)÷2
=110
答え 110°

P.65

7 図形の角 三角形と四角形の角（7）

月　日　名前

[1]（　）にあてはまることばを書きましょう。

① 5本の直線で囲まれた図形を（五角形）といいます。

② 6本の直線で囲まれた図形を（六角形）といいます。

③ 三角形，四角形などのように，直線で囲まれた図形を，（多角形）といいます。

[2] 次の多角形の角の大きさの和を，図やヒントを見て求めましょう。

① 五角形
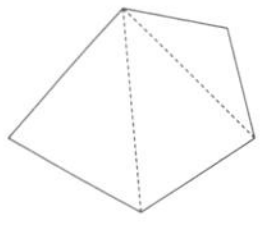

ヒント 三角形 3つ分

式 180×3=540
答え 540°

② 六角形
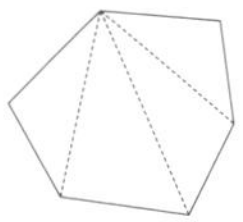

ヒント 三角形 4つ分

式 180×4=720
答え 720°

7 図形の角 三角形と四角形の角（8）

月　日　名前

[1] 次の多角形の角の大きさの和を，図やヒントを見て求めましょう。

① 七角形
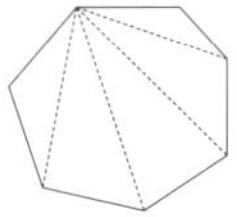

ヒント 三角形 5つ分

式 180×5=900
答え 900°

② 八角形
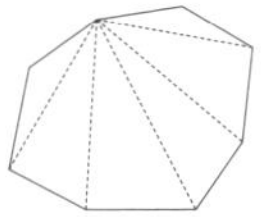

ヒント 三角形 6つ分

式 180×6=1080
答え 1080°

[2] 多角形の角の大きさの和を，表にまとめます。角の大きさの和を書きましょう。

	三角形	四角形	五角形	六角形	七角形	八角形
三角形の数	1	2	3	4	5	6
角の大きさの和	180°	360°	540°	720°	900°	1080°

P.66

7 ふりかえり・たしかめ（1） 図形の角

月　日　名前

[1] ㋐，㋑，㋒ の角度を，式に書いて求めましょう。

①
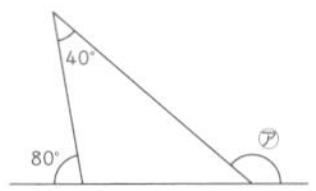

㋐ 式 180−80=100
180−(40+100)
=40
180−40=140
答え 140°

② 二等辺三角形と平行四辺形を合わせた形
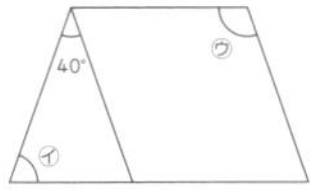

㋑ 式 (180−40)÷2
=70
答え 70°

㋒ 式 180−70=110
答え 110°

[2] 三角定規《じょうぎ》を下のように組み合わせてできる㋔の角度を求めましょう。
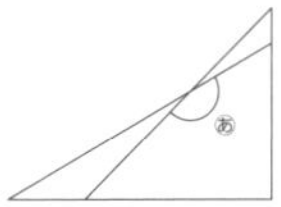

式 360−(60+45+90)
=165
答え 165°

7 ふりかえり・たしかめ（2） 図形の角

月　日　名前

[1] ㋐，㋑ の角度を，式に書いて求めましょう。

①
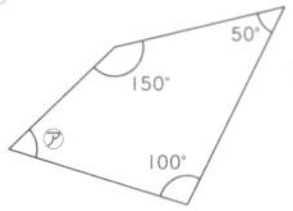

式 360−(50+150+100)
=60
答え 60°

②
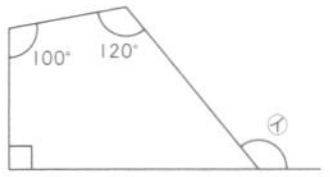

式 360−(120+100+90)
=50
180−50=130
答え 130°

[2] 五角形の角の大きさの和を求めました。図に合う式を選んで，線でむすびましょう。
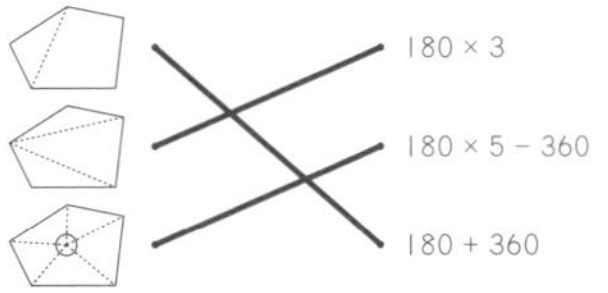

P.67

7 まとめのテスト 図形の角

月　日　名前

【知識・技能】

[1]（　）にあてはまることばを書きましょう。（5×2）

① 三角形，四角形などのように，直線で囲まれた図形を，（多角形）といいます。

② 5本の直線で囲まれた図形を，（五角形）といいます。

[2] ㋐〜㋓ の角の大きさを求めましょう。（5×8）

①

式 180−(105+30)
=45
答え 45°

②

式 180−(35+75)=70
180−70=110
答え 110°

③
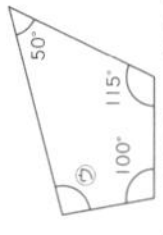

式 360−(100+115+50)
=95
答え 95°

④
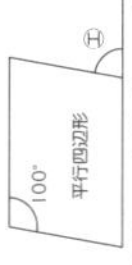

式 180−100=80
答え 80°

【思考・判断・表現】

[3] 三角定規《じょうぎ》2まいを，下のように組み合わせてできる㋔と㋕の角度を求めましょう。（5×4）
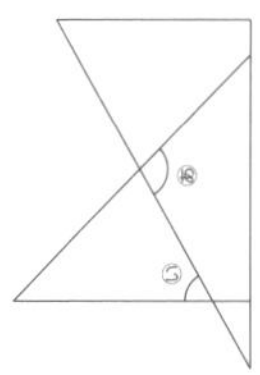

① ㋔の角

式（例）180−(30+45)
=105
答え 105°

② ㋕の角

式（例）180−105=75
180−(75+45)
=60
答え 60°

[4] 六角形の角の大きさの和を求めました。①〜③の式にあう図を，下の㋐〜㋒から選んで（　）に記号を書きましょう。（10×3）

① 180 × 4　（イ）

② 360 × 2　（ア）

③ 180 × 6 − 360　（ウ）

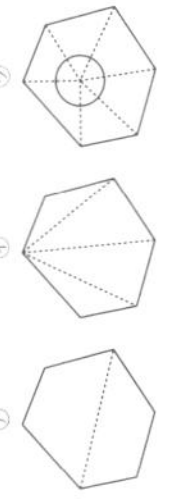

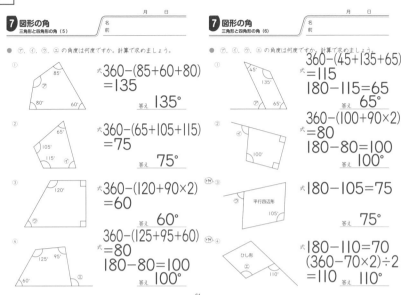

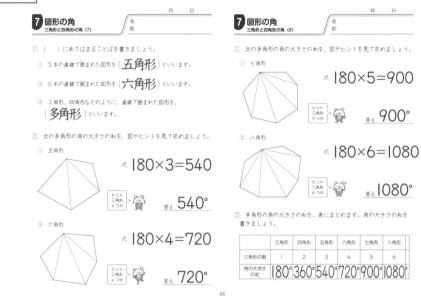

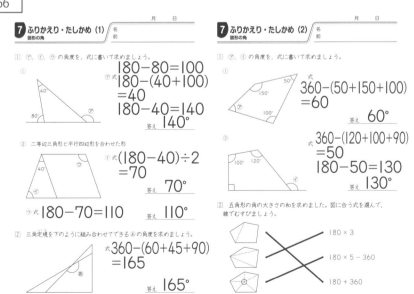

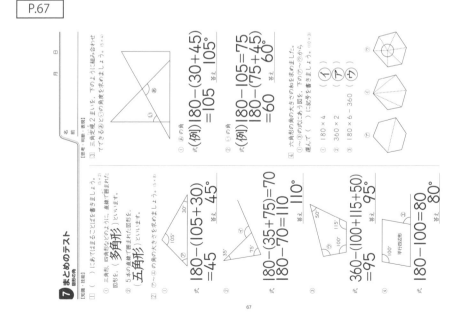

児童に実施させる前に，必ず指導される方が問題を解いてください。本書の解答は，あくまでも１つの例です。指導される方の作られた解答をもとに，本書の解答例を参考に児童の多様な考えに寄り添って○つけをお願いします。

P.68

8 偶数と奇数，倍数と約数
偶数と奇数（1）

月　日　名前

1 （　）に偶数《ぐうすう》か奇数《きすう》のどちらかを書きましょう。

① 2でわりきれる整数を，（偶数）といいます。

② 2でわりきれない整数を，（奇数）といいます。

③ 0は（偶数）とします。

2 （　）下の数直線で，偶数を○でかこみましょう。

3 ④ 5 ⑥ 7 ⑧ 9 ⑩ 11 ⑫ 13 ⑭ 15 ⑯ 17 ⑱ 19 ⑳ 21 ㉒ 23

3 次の数を偶数と奇数に分けて，□に書きましょう。

16　35　43　70
87　99　101　154
358　1002　3465

偶数	奇数
16, 70, 154, 358, 1002	35, 43, 87, 99, 101, 3465

8 偶数と奇数，倍数と約数
偶数と奇数（2）

月　日　名前

1 例のように，図に色をぬり，式に表しましょう。
また，偶数《ぐうすう》か奇数《きすう》かを（　）に書きましょう。

（例）6  式 2×3 （偶数）

7  式 2×3＋1 （奇数）

① 9  式 2×4＋1 （奇数）

② 12  式 2×6 （偶数）

③ 15  式 2×7＋1 （奇数）

④ 26  式 2×13 （偶数）

2 次の数が偶数か奇数かを，2×□…の式で表しましょう。
また，偶数か奇数かを（　）に書きましょう。

① 32 式 2×16 （偶数）

② 51 式 2×25＋1 （奇数）

P.69

8 偶数と奇数，倍数と約数
倍数と公倍数（1）

月　日　名前

1 りんごが1ふくろに4個ずつ入っています。
1ふくろ，2ふくろ，…と買ったときの，
りんごの数を調べましょう。

① 表にまとめましょう。

ふくろの数（ふくろ）	1	2	3	4	5	6	7	8
りんごの数（個）	4	8	12	16	20	24	28	32

② りんごの数は，何の倍数になっていますか。
（4）の倍数

2 次の数の倍数を，小さいほうから順に5つ書きましょう。

① 5　5　10　15　20　25

② 6　6　12　18　24　30

③ 7　7　14　21　28　35

④ 12　12　24　36　48　60

⑤ 15　15　30　45　60　75

8 偶数と奇数，倍数と約数
倍数と公倍数（2）

月　日　名前

1 2の倍数，3の倍数に，それぞれ○をつけて，下の問題に答えましょう。

2の倍数
0 1 ② 3 ④ 5 ⑥ 7 ⑧ 9 ⑩ 11 ⑫ 13 ⑭ 15 ⑯ 17 ⑱ 19 ⑳ 21 ㉒ 23 ㉔

3の倍数
0 1 2 ③ 4 5 ⑥ 7 8 ⑨ 10 11 ⑫ 13 14 ⑮ 16 17 ⑱ 19 20 ㉑ 22 23 ㉔

① 上の数直線にある，2と3の公倍数を書きましょう。
（6, 12, 18, 24）

② 2と3の最小公倍数を書きましょう。（6）

2 3の倍数，4の倍数に，それぞれ○をつけて，下の問題に答えましょう。

3の倍数
0 1 2 ③ 4 5 ⑥ 7 8 ⑨ 10 11 ⑫ 13 14 ⑮ 16 17 ⑱ 19 20 ㉑ 22 23 ㉔

4の倍数
0 1 2 3 ④ 5 6 7 ⑧ 9 10 11 ⑫ 13 14 15 ⑯ 17 18 19 ⑳ 21 22 23 ㉔

① 上の数直線にある，3と4の公倍数を書きましょう。
（12, 24）

② 3と4の最小公倍数を書きましょう。（12）

P.70

8 偶数と奇数，倍数と約数
倍数と公倍数（3）

月　日　名前

1 1～50までの数について，次の2つの整数の倍数を
全部書きましょう。また，公倍数と最小公倍数を書きましょう。

①（4, 5）
4の倍数（4,8,12,16,20,24,28,32,36,40,44,48）
5の倍数（5,10,15,20,25,30,35,40,45,50）
4と5の公倍数（20,40）
4と5の最小公倍数（20）

②（6, 8）
6の倍数（6,12,18,24,30,36,42,48）
8の倍数（8,16,24,32,40,48）
6と8の公倍数（24,48）
6と8の最小公倍数（24）

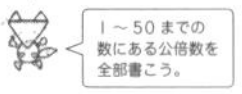

2 次の2つの整数の公倍数を，小さいほうから3つ書きましょう。

①（2, 10）　10　20　30

②（5, 7）　35　70　105

8 偶数と奇数，倍数と約数
倍数と公倍数（4）

月　日　名前

1 次の2つの整数の公倍数を，小さいほうから3つ書きましょう。
また，最小公倍数も書きましょう。

①（3, 8）　24　48　72　最小公倍数（24）

②（6, 9）　18　36　54　最小公倍数（18）

③（8, 12）　24　48　72　最小公倍数（24）

④（7, 21）　21　42　63　最小公倍数（21）

⑤（12, 18）　36　72　108　最小公倍数（36）

2 50～100までの数について，次の2つの整数の公倍数を
全部書きましょう。

①（4, 12）（60,72,84,96）

②（8, 9）（72）

③（6, 15）（60, 90）

P.71

8 偶数と奇数，倍数と約数
倍数と公倍数（5）

月　日　名前

1 高さ6cmの箱と，高さ8cmの箱をそれぞれ積み上げていきます。
最初に高さが等しくなるのは，何cmのときですか。

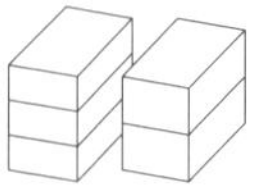

（24cm）

2 A駅からB町へ行くバスは，6分おきに出ています。
A駅からC町へ行くバスは，15分おきに出ています。
午前8時に，この2つのバスが同時に発車しました。次に同時に発車するのは，何時何分ですか。

（午前8時30分）

3 たて3cm，横7cmの長方形の板をならべて正方形を作ります。
できる正方形のうち，いちばん小さい正方形の1辺の長さは何cmですか。

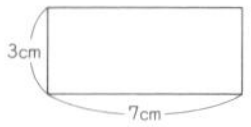

（21cm）

8 偶数と奇数，倍数と約数
倍数と公倍数（6）

月　日　名前

1 3つの整数，3，4，6の公倍数をみつけましょう。

① それぞれの整数の倍数に○をつけましょう。

3の倍数
0 1 2 ③ 4 5 ⑥ 7 8 ⑨ 10 11 ⑫ 13 14 ⑮ 16 17 ⑱ 19 20 ㉑ 22 23 ㉔

4の倍数
0 1 2 3 ④ 5 6 7 ⑧ 9 10 11 ⑫ 13 14 15 ⑯ 17 18 19 ⑳ 21 22 23 ㉔

6の倍数
0 1 2 3 4 5 ⑥ 7 8 9 10 11 ⑫ 13 14 15 16 17 ⑱ 19 20 21 22 23 ㉔

② 3と4と6の最小公倍数を書きましょう。（12）

③ 3と4と6の公倍数を，
小さい方から3つ書きましょう。　12　24　36

2 次の3つの整数の公倍数を，小さい方から3つ書きましょう。

①（2, 6, 8）　24　48　72

②（4, 6, 9）　36　72　108

③（4, 5, 6）　60　120　180

P.72

月　日

8 偶数と奇数，倍数と約数
倍数と公倍数（7）
名前

① （　）の中の整数の公倍数を，小さいほうから３つ書きましょう。

① （4, 8, 9）　72　144　216
② （3, 6, 7）　42　84　126
③ （3, 9, 12）　36　72　108
④ （8, 12, 16）　48　96　144

② 右の図のような，たて 2cm，横 5cm，高さ 3cm の直方体があります。
この直方体を同じ方向に積んで立方体を作ります。

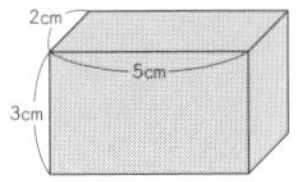

① できる立方体のうち，いちばん小さい立方体の１辺の長さは何 cm ですか。　（30cm）

② １辺が１m 以内で，いちばん大きい立方体の１辺の長さは何 cm ですか。　（90cm）

月　日

8 偶数と奇数，倍数と約数
約数と公約数（1）
名前

● たて 8cm，横 12cm の長方形の中に，合同な正方形の紙をすきまなくしきつめます。しきつめられるのは，正方形の１辺が何 cm のときですか。また，そのとき，正方形の紙は何まいになりますか。（正方形の１辺の長さは整数とします。）

① 8 の約数と 12 の約数に○をつけましょう。

8 の約数　0 ① ② 3 ④ 5 6 7 ⑧

12 の約数　0 ① ② ③ ④ 5 ⑥ 7 8 9 10 11 ⑫

② 8 と 12 の公約数を全部書きましょう。　（1, 2, 4）

１辺の長さが 1cm，2cm，4cm であれば，すきまなくしきつめられるね。

③ 8 と 12 の最大公約数を書きましょう。　（4）

すきまなくしきつめられる，いちばん大きい正方形の１辺の長さは，4cm だね。

④ ③で求めた正方形を，たて 8cm，横 12cm の長方形の中にしきつめると，正方形の紙は何まい必要ですか。

（6まい）

P.73

月　日

8 偶数と奇数，倍数と約数
約数と公約数（2）
名前

① 16 と 20 の公約数を調べましょう。

① 16 の約数と 20 の約数に○をつけましょう。

16 の約数
0 ① ② 3 ④ 5 6 7 ⑧ 9 10 11 12 13 14 15 ⑯

20 の約数
0 ① ② 3 ④ ⑤ 6 7 8 9 ⑩ 11 12 13 14 15 16 17 18 19 ⑳

② 16と20の公約数を全部書きましょう。　（1, 2, 4）

③ 16 と 20 の最大公約数を書きましょう。　（4）

② 次の２つの整数の公約数全部と，最大公約数を書きましょう。

① （5, 15）　公約数（1,5）　最大公約数（5）
② （6, 12）　公約数（1,2,3,6）　最大公約数（6）
③ （12, 18）　公約数（1,2,3,6）　最大公約数（6）
④ （20, 24）　公約数（1,2,4）　最大公約数（4）

月　日

8 偶数と奇数，倍数と約数
約数と公約数（3）
名前

① （　）の中の２つの整数の公約数を，全部求めましょう。
また，最大公約数を求めましょう。

① （7, 5）　公約数（1）　最大公約数（1）
② （7, 21）　公約数（1,7）　最大公約数（7）
③ （45, 30）　公約数（1,3,5,15）　最大公約数（15）
④ （32, 24）　公約数（1,2,4,8）　最大公約数（8）
⑤ （48, 36）　公約数 1,2,3,4,6,12　最大公約数（12）

② （　）の中の３つの整数の最大公約数を求めましょう。

① （12, 18, 24）　最大公約数（6）
② （10, 15, 20）　最大公約数（5）
③ （8, 20, 24）　最大公約数（4）
④ （12, 24, 60）　最大公約数（12）

P.74

月　日

8 偶数と奇数，倍数と約数
約数と公約数（4）
名前

① （　）の中の３つの整数の公約数を全て求めましょう。
また，最大公約数を求めましょう。

① （9, 18, 27）
公約数（1,3,9）　最大公約数（9）

② （7, 14, 21）
公約数（1,7）　最大公約数（7）

③ （12, 24, 30）
公約数（1,2,3,6）　最大公約数（6）

④ （18, 27, 90）
公約数（1,3,9）　最大公約数（9）

⑤ （30, 60, 90）
公約数（1,2,3,5,6,10,15,30）　最大公約数（30）

② あめが 36 個，チョコレートが 24 個あります。
これを，できるだけたくさんの子どもに，あまりなく分けます。
何人に分けることができますか。
また，そのとき，あめとチョコレートは，それぞれ何個ずつになりますか。

（12）人
あめ（3）個　チョコレート（2）個

月　日

8 偶数と奇数，倍数と約数
いかしてみよう
名前

● 新幹線《しんかんせん》の座《ざ》席は，右の図のように，２人がけの列と，３人がけの列でできています。

２人以上で乗れば，だれのとなりの席も空かないようにすわることができます。

では，どのようなすわり方をすればだれのとなりの席も空かないようにすわれるでしょうか。図と式で表してみましょう。

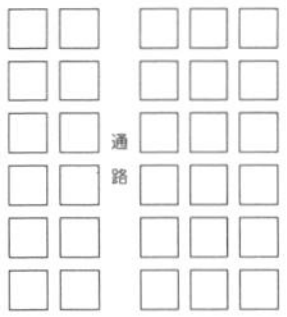

【8 人の場合の例①】
2 × 4
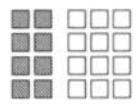

【8 人の場合の例②】
2 × 1 + 3 × 2
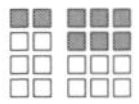

例にならって，次の数の場合を３通り考えてみましょう。

【17 人の場合】

式 $2\times1+3\times5$
図
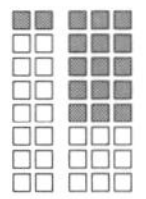

式 $2\times4+3\times3$
図
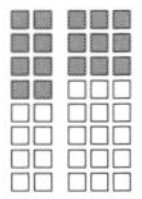

式 $2\times7+3\times1$
図
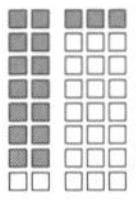

P.75

月　日

8 ふりかえり・たしかめ（1）
偶数と奇数，倍数と約数
名前

① 次の数を，偶数《ぐうすう》と奇数《きすう》に分けて書きましょう。

0, 3, 6, 9, 15, 20, 56, 107

偶数 0,6,20,56　奇数 3,9,15,107

② 5 の倍数と 6 の倍数を，それぞれ小さいほうから６つ書きましょう。
また，5 と 6 の最小公倍数を求めましょう。

5 の倍数（5,10,15,20,25,30）
6 の倍数（6,12,18,24,30,36）
5 と 6 の最小公倍数（30）

③ 次の（　）の中の整数の最小公倍数を求めましょう。

① （3, 5）　15　② （4, 8）　8
③ （6, 8）　24　④ （9, 12, 18）　36

④ ②，③，④の３まいのカードを使って，次の３けたの整数をつくりましょう。

① いちばん大きい奇数（423）
② いちばん小さい偶数（234）

月　日

8 ふりかえり・たしかめ（2）
偶数と奇数，倍数と約数
名前

① たて 6cm，横 9cm の長方形の紙を，同じ向きにすきまなくしきつめて正方形を作ります。
できる正方形のうち，いちばん小さいものの１辺の長さは何 cm ですか。また，そのとき，長方形の紙は何まい使いますか。

１辺が（18）cm の正方形を，（6）まい

② 36 の約数と 54 の約数を，全部書きましょう。また，36 と 54 の公約数と最大公約数を書きましょう。

36 の約数（1,2,3,4,6,9,12,18,36）
54 の約数（1,2,3,6,9,18,27,54）
36 と 54 の公約数（1,2,3,6,9,18）
36 と 54 の最大公約数（18）

③ １辺の長さが 1cm の正方形の紙が 18 まいあります。
この紙をすべて使って，すきまなくしきつめて長方形を作ります。
どんな長方形ができますか。たてと横の長さを，それぞれ書きましょう。

（たて 1 cm，横 18 cm）（たて 2 cm，横 9 cm）
（たて 3 cm，横 6 cm）（たて 6 cm，横 3 cm）
（たて 9 cm，横 2 cm）（たて 18 cm，横 1 cm）

解答

児童に実施させる前に，必ず指導される方が問題を解いてください。本書の解答は，あくまでも１つの例です。指導される方の作られた解答をもとに，本書の解答例を参考に児童の多様な考えに寄り添って○つけをお願いします。

P.76

8 まとめのテスト 偶数と奇数，倍数と約数

月　日　名前

[知識・技能]

1 次の数を，偶数と奇数に分けて書きましょう。(5×2)

0，1，4，7，8，26，105，790

偶数：0,4,8 26,790　　奇数：1,7,105

2 1～30までの整数について，答えましょう。(5×4)

① 4の倍数と6の倍数を，小さいほうから全部書きましょう。

4の倍数（4,8,12,16,20,24,28

6の倍数（6,12,18,24,30

② 4と6の公倍数を全部書きましょう。（12,24）

③ 4と6の最小公倍数を書きましょう。（12）

3 次の整数の約数を全部書きましょう。(5×2)

① 20（1,2,4,5,10,20）

② 36（1,2,3,4,6,9,12,18,36

4 次の2つの整数の公約数を，全部書きましょう。また，その中の最大公約数に○をつけましょう。(5×2)

① 8と12（1，2，④）

② 18と24（1，2，3，⑥）

[思考・判断・表現]

5 高さ6cmの箱と高さ8cmの箱をそれぞれ積み重ねます。最初に高さが等しくなるのは，何cmのときですか。(10)

（24）cm

6 たて4cm，横5cmの長方形の色板を，同じ向きに並べて正方形を作ります。
できる正方形のうち，いちばん小さい正方形の1辺の長さは何cmですか。
また，そのとき，何まいの色板を使っていますか。(10×2)

（20）cmの正方形

色板のまい数（20）まい

7 たて20cm，横28cmの長方形の中に，合同な正方形をしきつめます。

① すきまなくしきつめることができる正方形の1辺の長さを，全部書きましょう。(10)

（1cm,2cm,4cm）

② しきつめられる正方形の中で，いちばん大きい正方形の1辺の長さは何cmですか。(5)

（4）cm

③ ②のときの正方形のまい数は，全部で何まいですか。(5)

（35）まい

76

P.77

9 分数と小数，整数の関係 わり算と分数 (1)

月　日　名前

1 5Lのお茶を6人で等しく分けて水とうに入れます。1人分は何Lになりますか。

① (　) にあてはまる数を書きましょう。

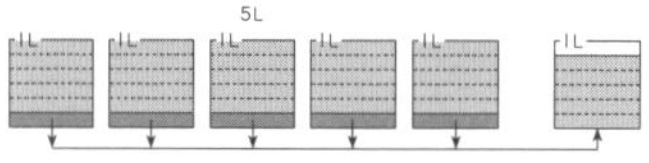

5Lを（1）Lずつ5つに分けて考えます。

5Lを6等分した1個分は$\frac{1}{6}$Lの（5）個分になります。

だから，1人分は（$\frac{5}{6}$）Lになります。

② 式と答えを書きましょう。

式 $5 \div 6 = \frac{5}{6}$　　答え $\frac{5}{6}$L

2 わり算の商を分数で表しましょう。

① $3 \div 7 = \frac{3}{7}$　　② $2 \div 5 = \frac{2}{5}$

③ $11 \div 13 = \frac{11}{13}$　　④ $3 \div 2 = \frac{3}{2}$

77

9 分数と小数，整数の関係 わり算と分数 (2)

月　日　名前

1 わり算の商を分数で表しましょう。

① $4 \div 7 = \frac{4}{7}$　　② $8 \div 9 = \frac{8}{9}$

③ $15 \div 11 = \frac{15}{11}$　　④ $15 \div 8 = \frac{15}{8}$

2 □にあてはまる数を書きましょう。

① $\frac{4}{7} = 4 \div$ [7]　　② $\frac{1}{5} =$ [1] $\div 5$

③ $\frac{5}{3} =$ [5] $\div 3$　　④ $\frac{7}{3} = 7 \div$ [3]

⑤ $\frac{10}{3} =$ [10] $\div 3$　　⑥ $\frac{4}{15} =$ [4] $\div 15$

⑦ (例) $\frac{5}{7} =$ [5] $\div$ [7]　　⑧ (例) $\frac{8}{3} =$ [8] $\div$ [3]

P.78

9 分数と小数，整数の関係 わり算と分数 (3)

月　日　名前

1 □にあてはまる数を書きましょう。

① $\frac{6}{7} =$ [6] $\div 7$　　② $\frac{2}{9} = 2 \div$ [9]

③ $\frac{11}{6} =$ [11] $\div 6$　　④ $\frac{13}{8} = 13 \div$ [8]

⑤ (例) $\frac{2}{7} =$ [2] $\div$ [7]　　⑥ (例) $\frac{8}{3} =$ [8] $\div$ [3]

2 □にあてはまる数を書きましょう。

① $1\frac{1}{3} = 4 \div$ [3]　　② $1\frac{1}{2} =$ [3] $\div 2$

③ $2\frac{[1]}{4} = 9 \div 4$　　④ $3\frac{[2]}{3} = 11 \div 3$

⑤ (例) $1\frac{[1]}{[5]} = 6 \div 5$　　⑥ (例) $2\frac{[2]}{[3]} = 8 \div 3$

78

9 分数と小数，整数の関係 分数の倍 (1)

月　日　名前

1 赤のテープは3m，白のテープは4mです。

① 白のテープの長さをもとにすると，赤のテープの長さは何倍ですか。

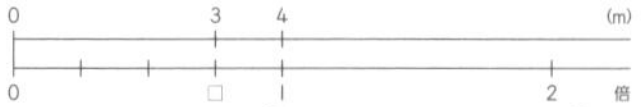

式 $3 \div 4 = \frac{3}{4}$　　答え $\frac{3}{4}$倍

② 赤のテープの長さをもとにすると，白のテープの長さは何倍ですか。

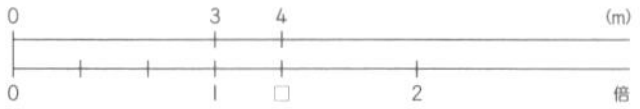

式 $4 \div 3 = \frac{4}{3}$　　答え $\frac{4}{3}$倍

2 飼っている犬の体重は14kg，ねこの体重は5kgです。ねこの体重は，犬の体重の何倍ですか。

式 $5 \div 14 = \frac{5}{14}$　　答え $\frac{5}{14}$倍

P.79

9 分数と小数，整数の関係 分数の倍 (2)

月　日　名前

1 3mと5mのロープがあります。

① 3mをもとにすると，5mは何倍ですか。

式 $5 \div 3 = \frac{5}{3}$　　答え $\frac{5}{3}$倍

② 5mをもとにすると，3mは何倍ですか。

式 $3 \div 5 = \frac{3}{5}$　　答え $\frac{3}{5}$倍

2 コーヒーが6dL，牛にゅうが7dLあります。

① 牛にゅうは，コーヒーの何倍ありますか。

式 $7 \div 6 = \frac{7}{6}$　　答え $\frac{7}{6}$倍

② コーヒーは，牛にゅうの何倍ありますか。

式 $6 \div 7 = \frac{6}{7}$　　答え $\frac{6}{7}$倍

79

9 分数と小数，整数の関係 分数と小数，整数の関係 (1)

月　日　名前

1 分数を，小数に表す方法を考えましょう。□にあてはまる数を書きましょう。

① $\frac{7}{2} =$ [7] $\div$ [2] $=$ [3.5]　　② $\frac{2}{5} =$ [2] $\div$ [5] $=$ [0.4]

③ $\frac{1}{4} =$ [1] $\div$ [4] $=$ [0.25]　　④ $\frac{3}{8} =$ [3] $\div$ [8] $=$ [0.375]

（わりきれない場合は，小数第2位を四捨五入しましょう。）

⑤ $\frac{2}{3} =$ [2] $\div$ [3] $=$ [約0.7]　　⑥ $\frac{9}{7} =$ [9] $\div$ [7] $=$ [約1.3]

2 次の分数を，小数で表しましょう。

① $\frac{15}{2} = 7.5$　　② $\frac{14}{5} = 2.8$

③ $\frac{7}{4} = 1.75$　　④ $\frac{17}{8} = 2.125$

P.80

9 分数と小数，整数の関係
分数と小数，整数の関係 (2)

月　日　名前

[1] どちらが大きいですか。分数を，小数で表して大小を比《くら》べ，□にあてはまる不等号を書きましょう。

① $\frac{3}{4}$ [>] 0.7

② $\frac{5}{8}$ [<] 0.65

[2] 次の分数を，小数や整数で表しましょう。

① $\frac{9}{4} = 2.25$　② $\frac{24}{8} = 3$

③ $1\frac{2}{5} = 1.4$　④ $3\frac{1}{4} = 3.25$

⑤ $\frac{56}{7} = 8$　⑥ $3\frac{3}{8} = 3.375$

⑦ $6\frac{3}{20} = 6.15$　⑧ $10\frac{1}{4} = 10.25$

80

9 分数と小数，整数の関係
分数と小数，整数の関係 (3)

月　日　名前

[1] 次の分数を，小数や整数で表しましょう。

① $\frac{21}{6} = 3.5$　② $\frac{27}{12} = 2.25$

③ $\frac{54}{9} = 6$　④ $5\frac{5}{8} = 5.625$

トライ [2] どちらが大きいですか。分数を，小数で表して大小を比《くら》べ，□にあてはまる等号や不等号を書きましょう。

① $\frac{5}{8}$ [>] $\frac{3}{5}$　② $2\frac{2}{5}$ [<] $\frac{15}{6}$

③ $\frac{12}{4}$ [=] $\frac{45}{15}$　④ $2\frac{3}{5}$ [<] $\frac{21}{8}$

⑤ $\frac{4}{5}$ [>] $\frac{5}{7}$　⑥ $\frac{5}{7}$ [<] $\frac{8}{11}$

P.81

9 分数と小数，整数の関係
分数と小数，整数の関係 (4)

月　日　名前

[1] 小数を，分数で表す方法を考えましょう。□にあてはまる数を書きましょう。$\frac{1}{10}$，$\frac{1}{100}$ の何こ分かを考えましょう。

① 0.7 ➡ $0.1 = \frac{1}{10}$ だから，$0.7 = \frac{7}{10}$

② 0.31 ➡ $0.01 = \frac{1}{100}$ だから，$0.31 = \frac{31}{100}$

③ 3.27 ➡ $0.01 = \frac{1}{100}$ だから，$3.27 = \frac{327}{100}$

[2] 次の整数を，分数で表しましょう。

① $5 = 5 \div 1 = \frac{5}{1}$　② $18 = 18 \div 1 = \frac{18}{1}$

[3] 次の小数や整数を，分数で表しましょう。
1，$\frac{1}{10}$，$\frac{1}{100}$ の何こ分かを考えましょう。

① $0.4 = \frac{4}{10}\left(\frac{2}{5}\right)$　② $0.51 = \frac{51}{100}$

③ $6 = \frac{6}{1}$　④ $4.62 = \frac{462}{100}\left(\frac{231}{50}\right)$

81

9 分数と小数，整数の関係
分数と小数，整数の関係 (5)

月　日　名前

[1] 次の小数や整数を，分数で表しましょう。
1，$\frac{1}{10}$，$\frac{1}{100}$ の何こ分かを考えましょう。

① $0.6 = \frac{6}{10}\left(\frac{3}{5}\right)$　② $1.6 = \frac{16}{10}\left(\frac{8}{5}\right)$

③ $0.63 = \frac{63}{100}$　④ $3 = \frac{3}{1}$

⑤ $15 = \frac{15}{1}$　⑥ $2.73 = \frac{273}{100}$

⑦ $7.03 = \frac{703}{100}$　⑧ $0.75 = \frac{75}{100}\left(\frac{3}{4}\right)$

トライ [2] 次の①～③の小数や整数と大きさの等しい分数を，下の㋐～㋕から選んで，□に記号を書きましょう。

① 5 [㋕]　② 1.51 [㋑]　③ 0.5 [㋔]

㋐ $\frac{151}{10}$　㋑ $\frac{151}{100}$　㋒ $\frac{151}{1000}$

㋓ $\frac{50}{1}$　㋔ $\frac{5}{10}$　㋕ $\frac{50}{10}$

P.82

9 ふりかえり・たしかめ (1)
分数と小数，整数の関係

月　日　名前

[1] □にあてはまる数を書きましょう。

① $\frac{3}{5} = 3 \div 5$　② $\frac{9}{7} = 9 \div 7$

③ $5 \div 6 = \frac{5}{6}$　④ $15 \div 13 = \frac{15}{13}$

[2] 次の分数を，小数や整数で表しましょう。

① $\frac{3}{4} = 0.75$　② $\frac{9}{3} = 3$

③ $3\frac{3}{5} = 3.6$　④ $\frac{5}{8} = 0.625$

⑤ $\frac{63}{9} = 7$　⑥ $6\frac{1}{4} = 6.25$

[3] 次の小数や整数を，分数で表しましょう。

① $0.2 = \frac{2}{10}\left(\frac{1}{5}\right)$　② $0.07 = \frac{7}{100}$

③ $1.4 = \frac{14}{10}\left(\frac{7}{5}\right)$　④ $0.65 = \frac{65}{100}\left(\frac{13}{20}\right)$

⑤ $3 = \frac{3}{1}$　⑥ $2.04 = \frac{204}{100}\left(\frac{51}{25}\right)$

82

9 ふりかえり・たしかめ (2)
分数と小数，整数の関係

月　日　名前

[1] 分数で答えましょう。

① 4cm を 1 とみると，5cm はいくつにあたりますか。

式 $5 \div 4 = \frac{5}{4}$　答え $\frac{5}{4}$

② 7L を 1 とみると，3L はいくつにあたりますか。

式 $3 \div 7 = \frac{3}{7}$　答え $\frac{3}{7}$

③ 8kg は，12kg の何倍ですか。

式 $8 \div 12 = \frac{8}{12}\left(\frac{2}{3}\right)$　答え $\frac{8}{12}\left(\frac{2}{3}\right)$倍

④ 12m は，16m の何倍ですか。

式 $12 \div 16 = \frac{12}{16}\left(\frac{3}{4}\right)$　答え $\frac{12}{16}\left(\frac{3}{4}\right)$倍

[2] 次の分数を，小数や整数で表しましょう。

① $\frac{11}{8} = 1.375$　② $\frac{9}{5} = 1.8$

③ $\frac{60}{4} = 15$　④ $3\frac{1}{4} = 3.25$

[3] 次の小数や整数を，分数で表しましょう。

① $0.8 = \frac{8}{10}\left(\frac{4}{5}\right)$　② $0.24 = \frac{24}{100}\left(\frac{6}{25}\right)$

③ $15 = \frac{15}{1}$　④ $1.25 = \frac{125}{100}\left(\frac{5}{4}\right)$

P.83

9 まとめのテスト
分数と小数，整数の関係

月　日　名前

【知識・技能】

[1] わり算の商を分数で表しましょう。(5×2)

① $5 \div 7 = \frac{5}{7}$

② $18 \div 11 = \frac{18}{11}$

[2] 次の分数を，小数や整数で表しましょう。(5×2)

① $\frac{5}{4} = 1.25$

② $2\frac{7}{8} = 2.875$

[3] 次の小数や整数を，分数で表しましょう。(5×4)

① $0.6 = \frac{6}{10}\left(\frac{3}{5}\right)$　② $0.64 = \frac{64}{100}\left(\frac{16}{25}\right)$

③ $10 = \frac{10}{1}$　④ $1.35 = \frac{135}{100}\left(\frac{27}{20}\right)$

[4] □にあてはまる不等号を書きましょう。(5×2)

① 1.25 [>] $\frac{6}{5}$

② $\frac{5}{7}$ [>] 0.7

【思考・判断・表現】

[5] 4L のお茶を 9 人で等しく分けます。1 人分は何 L になりますか。(5×2)

式 $4 \div 9 = \frac{4}{9}$　答え $\frac{4}{9}$L

[6] 青のリボンの長さは 3m，黒のリボンの長さは 7m です。分数で答えましょう。(5×4)

① 青のリボンの長さは，黒のリボンの長さの何倍ですか。

式 $3 \div 7 = \frac{3}{7}$　答え $\frac{3}{7}$倍

② 黒のリボンの長さは，青のリボンの長さの何倍ですか。

式 $7 \div 3 = \frac{7}{3}$　答え $\frac{7}{3}$倍

[7] 親犬の体重は 16kg，子犬の体重は 3kg です。親犬の体重を 1 とみると，子犬の体重はいくつにあたりますか。分数で答えましょう。(5×2)

式 $3 \div 16 = \frac{3}{16}$　答え $\frac{3}{16}$

[8] やかんに 5L，水とうに 2L 水が入っています。水とうの水のかさは，やかんの水のかさの何倍ですか。分数で答えましょう。(5×2)

式 $2 \div 5 = \frac{2}{5}$　答え $\frac{2}{5}$倍

83

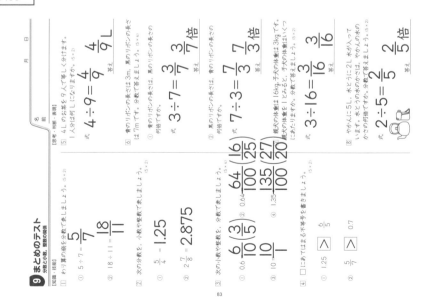

喜楽研 WEB サイト
書籍の最新情報（正誤表含む）は
喜楽研 WEB サイトをご覧下さい。

学校現場では，本書ワークシートをコピー・印刷して児童に配布できます。
学習する児童の実態にあわせて，拡大してお使い下さい。

教科書にそって 学べる

算数教科書プリント　5年 ①
東京書籍版

2023 年 3 月 1 日　　第 1 刷発行

イ ラ ス ト：山口 亜耶 他
表紙イラスト：鹿川 美佳
表紙デザイン：エガオデザイン
執 筆 協 力 者：新川 雄也
企 画・編 著：原田 善造・あおい えむ・今井 はじめ・さくら りこ・中 あみ
中 えみ・中田 こういち・なむら じゅん・はせ みう
ほしの ひかり・堀越 じゅん・みやま りょう（他 4 名）
編 集 担 当：川瀬 佳世

発　行　者：岸本 なおこ
発　行　所：喜楽研（わかる喜び学ぶ楽しさを創造する教育研究所：略称）
〒604-0827　京都府京都市中京区高倉通二条下ル瓦町 543-1
TEL　075-213-7701　FAX　075-213-7706
HP　https://www.kirakuken.co.jp
印　　　刷：創栄図書印刷株式会社

ISBN:978-4-86277-381-4

Printed in Japan